あるある！田舎相続

あす綜合法務事務所グループ代表
司法書士・行政書士
澤井修司

講談社　日刊現代

はじめに

あなたのまわり、相続でもめていませんか？

「相続をめぐって兄弟で争ったらしい」

「相続でもめて会社が倒産したらしい」

「持ち主が亡くなって以来、荒れ放題になった農地がある」……


このように、あなたのまわりに、相続をめぐるもめごとは起きていませんか？

本書を手に取ったということは、そんなまわりの状況を目の当たりにして、あなた自身の相続が気になっているからでしょう。

財産を残す側（被相続人）も、残される側（相続人）も、円満に受け渡したいと願っているはずです。それなのに、大なり小なりもめてしまうのが相続なのです。


相続の準備をする人は、意外と少ないものです。

図1　親からの生前贈与もしくは相続について
　　　親子間で協議したことがある人の割合

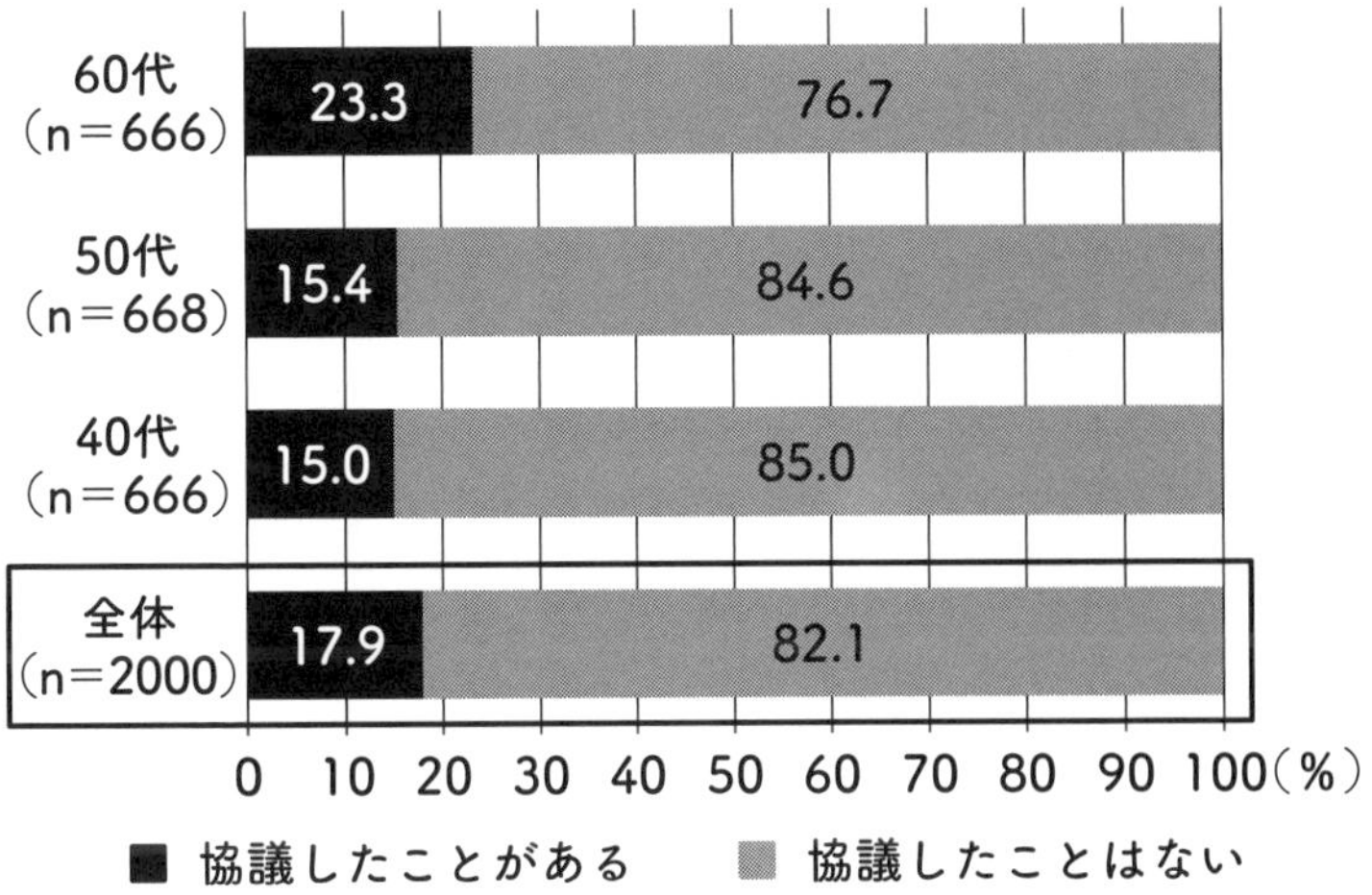

出典：PGF 生命「『おとなの親子』の生活調査 2023」をもとに作成

２０１５年の税制改正によって相続税が実質増税になったことが大きな話題になり、相続に対する関心が一気に高まりました。

それでも、２０２３年にＰＧＦ生命が行った調査によれば、40～60代の男女に親からの生前贈与もしくは相続について親子間で協議したことがあるかを尋ねたところ、「協議したことがある」は回答者全体で17・9％、「協議したことはない」は82・1％となりました（図1）。

相続への関心が高まっている状況においてなお、親子間で相続について話し合ったことのある人は2割弱にすぎないわけですから、相続対策を行っている人は、さらに低い割合にとどまることが推測されます。

相続対策が大事なことは、誰もがわかっています。それなのに、相続対策をやっていない人が過半数を占めているのは、何から手をつけたらいいのかわからないからではないでしょうか。

というのも、相続は家族関係や財産、そして思いなど、いろいろな要素が複雑に絡み合うものだからです。

人間関係であれば、夫婦や子ども、親、義理の親、場合によっては叔父・叔母や甥・姪まで関わります。財産なら、預貯金から不動産、経営者なら自社株までさまざま。不動産ひとつ取っても、家屋敷や農地、山林、会社の土地など多岐にわたります。


相続の問題は、都会も田舎も本質は同じです。しかし、田舎には田舎ならではの厄介さがあります。

たとえば次のような土地は、田舎特有の事情といっていいでしょう。

・売ろうにも売れない農地
・どこにあるのかわからない山林の権利
・先祖代々の思いが詰まった土地

田舎相続は、人や土地のしがらみが大きいのです。しかも、かつての日本では土地は価

図2　遺産分割事件のうち認容・調停成立件数
（遺産の価格別）

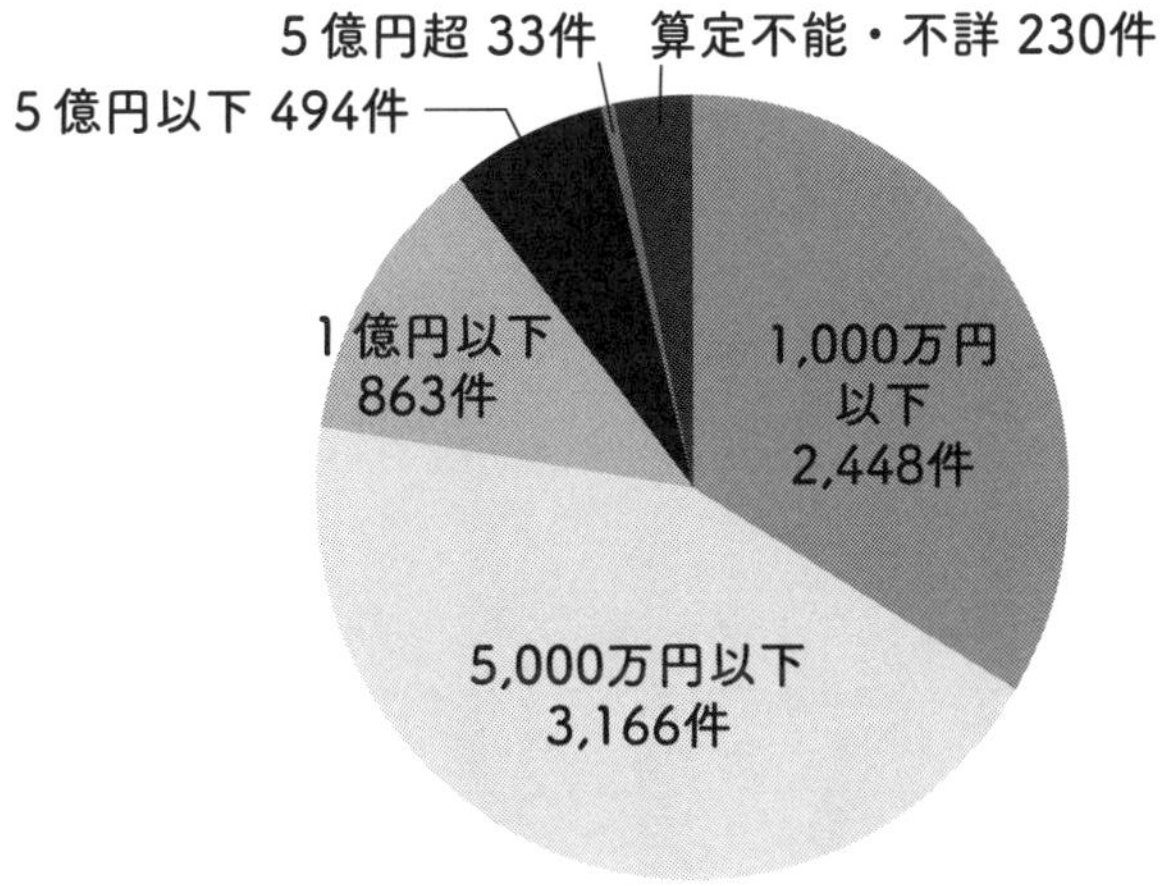

出典：最高裁判所事務総局「令和5年司法統計年報3家事編」をもとに作成

値あるものでしたが、今では田舎の土地は相続人同士が押し付け合うような「いらないもの」になり下がっていることが珍しくありません。

田舎相続は一筋縄ではいかないからこそ、早めの対策が欠かせないのです。

○財産が少ないほうがもめる!?

「うちは大して財産なんかないから、相続争いなんて関係ないよ」――そんなふうに思っていたとしたら、それは大きな誤解です。

上の図2は、2023年の1年間で家庭裁判所において、遺産分割事件で調停まで進んで解決した件数です。遺産額別に見ると、「遺産額5000万円以下」の相続案件のほうが、「5000万円超」の案件よりもかなり多いことがわかりますね。

図3　家庭裁判所への相続関係の相談件数の推移

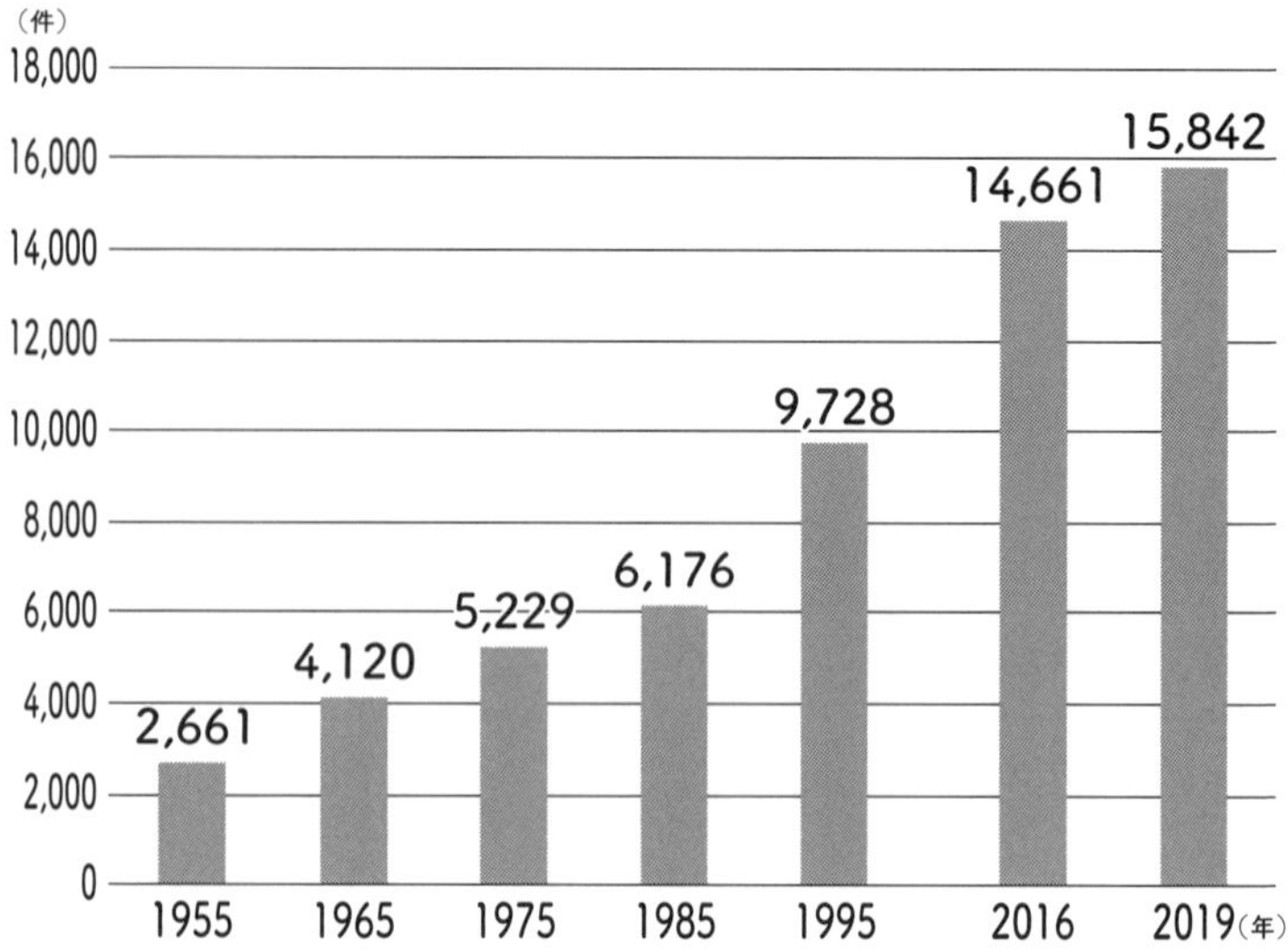

出典：家庭裁判所発表資料をもとに作成

「金持ちケンカせず」とはよく言ったもので、数字がこのことをよく物語っています。資産家は相続でもめることを想定して生前に準備しますが、「うちは財産なんてないから」と思って準備しない人ほど、かえってもめやすいように思います。

次に、上の図3を見てください。家庭裁判所への相続関係の相談件数はすごい勢いで急増しています。特に２０１５年の税制改正後から急増しています。このときの改正では相続税の基礎控除額が引き下げられ、課税対象が大きく広がることになりました。これはあくまで「相談件数」ですので、さすがに裁判沙汰になるほど深刻なケースはそこまでないかもしれませんが、それでも「争族」の火種がいかに多いかが見て取れるかと思います。

このように、相続のもめごとは誰もが直面する可能性があるのです。いやむしろ、兄弟間でしこりが残ったという程度のものも含めると、ほとんどの相続で何かしらいざこざが起こっています。

「対策を立てておけばよかった」——そう思ったときにはすでに手遅れなのが相続なのです。

◦年間100件以上の「田舎相続」をサポートするなかで思うこと

私は司法書士・行政書士であるとともに、相続対策コンサルティング会社や家系図作成会社を経営しています。具体的には埼玉の北部地域、いわゆる「田舎」と呼ばれるエリア4拠点の事務所を中心としてさまざまな相続の相談を受け、争族にならないための対策についてアドバイスをしているのですが、現場で日々、相続で困っている方が予想以上に多いこと、そして田舎ならではの相続の問題があることを痛感しています。

もちろん、相続登記を手がける司法書士はたくさんいます。しかし、戸籍などの資料集めから何から総合的に相続をサポートする専門家は意外と少ないのです。私は困っている方々を前にして、何もしないわけにはいきませんでした。今でこそたくさんのスタッフが動いてくれていますが、かつて私は自分で役場に足を運んで、戸籍を集めていました。役場の職員からは、「あいつ、また来たよ」などと思われていたことでしょう。

私は秩父を皮切りに、寄居や深谷、熊谷という私の手の届く範囲内に事務所を出していきました。今は年間100件以上の相続・遺言関連の業務を受託するようになりましたが、私がフィールドにしている埼玉県北西部は、日本の田舎のうち、ほんの一部。もっとたくさんの方が相続で困っているはずです。すでに「田舎相続」に困っている方、これから「田舎相続」を経験するであろう方々に、私の経験から得た「相続をスムーズに進めるためのヒント」を得てほしい――そう考えて、本書を執筆することにしたのです。

本書では、みなさんに田舎相続のリアルな実態をイメージしていただけるよう、実際に私が携わった相続案件の「あるある事例」を紹介しながら、どうすれば円満に相続を進めることができるのかをお話ししていきたいと思います。もちろん依頼者のプライバシーに配慮してすこし脚色していますが、きっと「あるある！」「うちも同じ！」「そんな話、町内でも聞いた！」と共感していただけるのではないでしょうか。

相続と聞くと「難しそう」「面倒くさそう」というイメージを抱いている方が多いかと思いますが、本書はストレスなく読み進めるうちに、田舎相続の基本的な対策が自然と理解できるように工夫しています。

ぜひ、本書をあなたの「田舎相続」に役立てていただければと思います。

序章

田舎相続はなぜ厄介なのか？

第1章

田舎相続のリアル ―― 厄介資産編

第2章 田舎相続のリアル――事業承継編

第3章

田舎相続のリアル——まだある！編

終章

田舎相続でもめないポイントを知ろう

コラム

※本書で取り上げている税制や法律は、原則として2024年6月時点のものに基づいています。また、本書の内容は筆者の個人的な見解を解説したものであり、記載された情報に関しては万全を期していますが、内容を保証するものではありません。本書の情報を利用した結果による損害、損失についても、出版社、筆者ならびに本書制作者は一切の責任を負いかねますので、ご理解いただきますようお願いいたします。

序章

田舎相続は
なぜ
厄介なのか？

相続を甘く見てはいけない

あなたのまわりにも、きっと相続でもめた人が、一人や二人はいるのではないでしょうか？　直に話は聞いていなくても、「あの人、もめたみたいよ」といったウワサを小耳に挟んだことがあるでしょう。

左ページの図4は、2023年の1年間で、全国の家庭裁判所に持ち込まれた遺産分割事件の審理期間をまとめたものです。審理期間とは申立てから終局までの期間です。これを見ると、審理期間が1年を超えるケースが全体の3割に達し、なかには3年以上争っているケースもあります。相続は、一度もめると長期化する傾向が強いといえます。

裁判所が交付している「遺産分割調停のしおり」によれば、調停は1～2か月に1回のペースで開かれ、1回の調停の時間は約2時間。裁判官1名と調停委員2名で構成される調停委員会の前で、場合によっては当事者が集まり、遺産について協議を行います。他人と争うならまだしも、相手はこれまで仲のよかった家族や親族ですから、長期化すればするほど精神的な負担も増大するでしょう。

兄弟姉妹間でもめてしまうと、その後の修復が極めて困難です。ギクシャクするくらい

図4　遺産分割事件の審理期間はどのくらい？

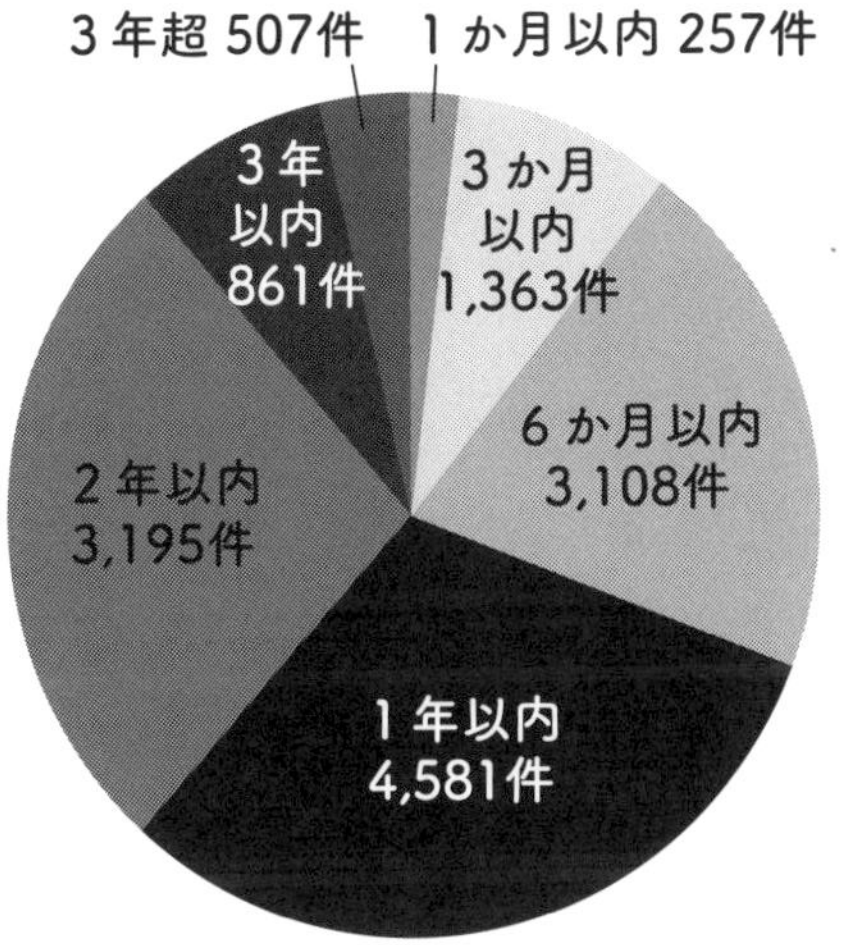

出典：最高裁判所事務総局「令和5年司法統計年報 3家事編」をもとに作成

ならまだいいのですが、兄弟姉妹間の連絡が途絶えてしまうことも珍しくありません。仲が良かったいとこ同士が疎遠になってしまうこともあります。

とりわけ田舎は、都市部よりは地縁・血縁が色濃く残っています。広く親族を巻き込んだ騒動になると、大きな禍根を残すことになってしまいます。

「なるようになる」と甘く見ていても、なるようにならないのが相続なのです。

田舎相続は、もれなく土地がついてくる

田舎の相続の大きな特徴は、「もれなく土地がついてくること」といえます。これが相続をややこしくしている大きな要因です。もちろん、田舎でも被相続人が賃貸物

件に住んでいて、土地の相続がないケースもあるでしょう。しかし、都会に比べれば、圧倒的に土地つきの相続が多いのです。

都会のマンション暮らしの人なら、そもそも土地の概念すら希薄でしょう。マンションにも敷地権がついていますが、そんなに広くない土地に何十戸もの区分所有者が権利を持っています。マンション住まいでは、そのエリアへの愛着はあっても、土地への愛着はあまりありません。

相続にあたって土地の面倒なところは、簡単には分割できないことです。預貯金が2000万円なら、兄弟2人で1000万円ずつ相続すれば一件落着となる可能性が高まります。

ところが、2000万円の価値の土地があるとします。これを半分ずつ分けるのは容易ではありません。半分ずつ共有するか、売ってお金を半分ずつ分けるか、あるいは兄が土地を相続して、弟に1000万円を渡すか——土地は、簡単には割り切れません。このため、相続人の心も割り切れないことが往々にしてあるのです。

これが、田舎相続がもめる大きな原因のひとつです。

「いらない土地」の押し付け合い

お荷物になりそうな資産があること、これも田舎相続が都会の相続とは大きく異なる点です。

同じ広さの土地でも、都会と田舎では大きな違いがあります。それは「価値があるかどうか」です。

都会の相続の場合、不動産といえば多くが住まいです。都会で農地や山林を持っているのはごく一部の地主に限られます。都会の住宅地なら、再建築不可といった特別な事情がない限り、売ろうと思えば売れます。東京23区内ならば、自宅を売ると数千万円、場所や広さによっては億単位になります。実家には愛着があるとは思いますが、先祖代々の土地でなければ、売却して現金化し、相続人で分けることにためらいがない人が多いでしょう。

ところが、田舎ではそう簡単にはいきません。被相続人が住宅だけでなく、農地や山林を所有しているのはよくあること。農地なら、農業を継ぐ子どもがいればいいのですが、そうでなければ相続しても単なるお荷物です。農地は簡単に売れないからです。相続したら、手間やコストをかけて管理しなければなりません。山林となると、相続したところで

図5　土地の維持管理にかかる費用は？

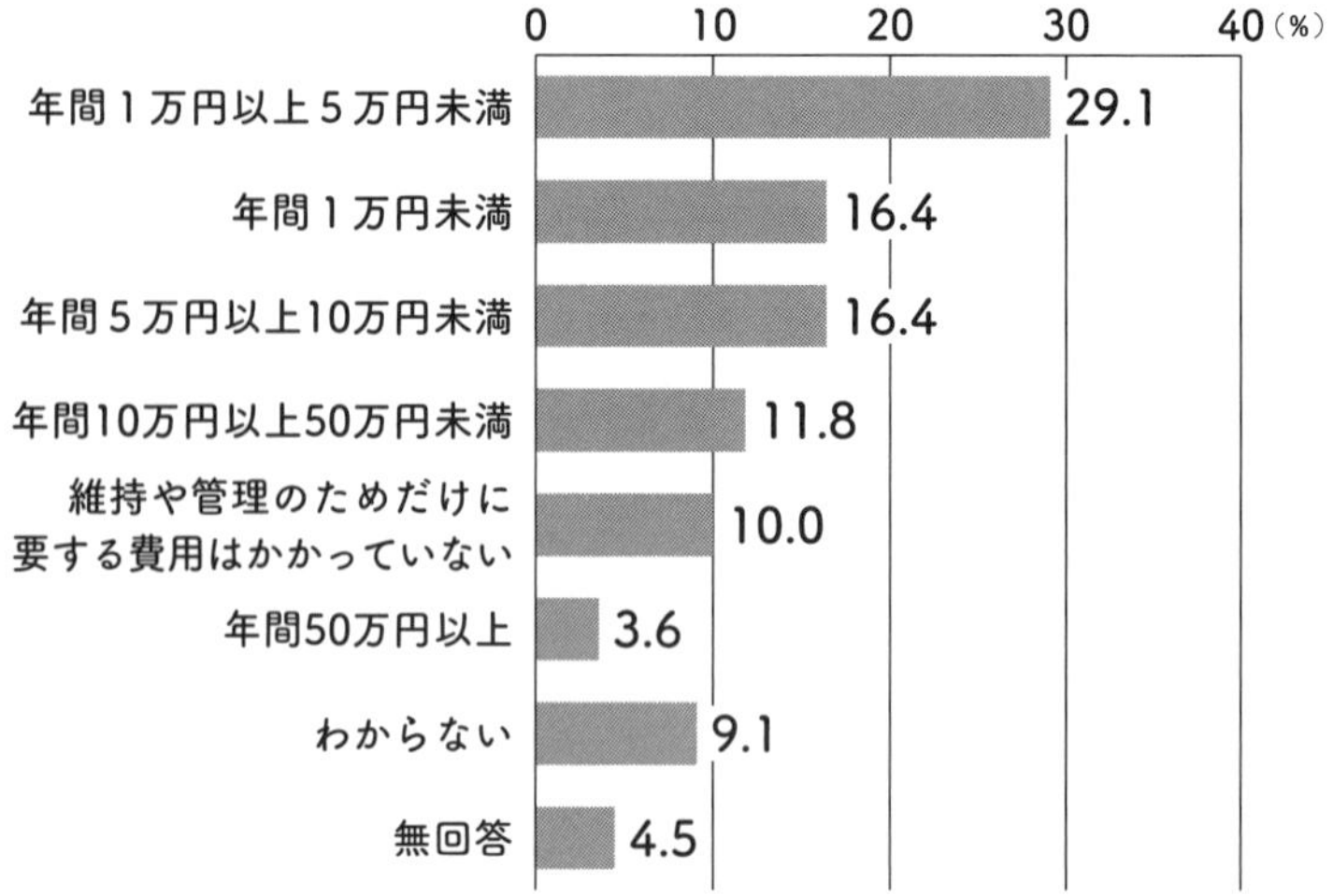

調査対象：110人（複数回答可）

出典：国土交通省発表資料（2023年発表）をもとに作成

なおさら使い道がありません。
土地にほとんど価値がないどころか、実質的にマイナスの価値になっていることが多いのが、田舎の特徴といえます。

ここで、不要な土地にどのくらいのコストがかかるものなのか、国土交通省の調査から見てみましょう。

２０２２年度の「土地問題に関する国民の意識調査」では、「自宅以外の未利用地の未利用理由」について調査しています。それによると、「遺産として相続したが、今のところ利用する予定がないため」が最多で、回答者は全体の49・6％でした。未利用地の管理の方法としては、「自主管理のみ」が78・2％と最も高く、敷地の草刈りや清掃、樹木の剪定などを、多くは年に1回から数回ペースで、次いで月に1回から数回ペースで行っているようです。

さて、図5は気になる管理費用についての結果です。「年間1万円以上5万円未満」が約30%で最多となりました。ただし、なかには「年間10万円以上50万円未満」「年間50万円以上」も一定数いて驚かされますね。

このような維持管理費や労力、税負担の重さは、宅地・農地・森林のいずれにも共通しています。しかし、農地と山林はさらに、後継者がいないことや売却が難しいという特徴があります。

2023年に農地法が改正され、かつてより農地の売買がしやすくなり、状況が改善されました。とはいえ、「農地や山林はもらったところでお荷物になるだけだ」と考えている人は少なくありません。そうなると、相続人同士で「私はいらない」「あなたが相続してよ」と、財産の取り合いどころか押し付け合いになるのです。もっと言うと、「不動産はいらないけど、お金は欲しい」と、むき出しになったエゴがぶつかり合うことすらあるのです。

田舎の土地には先祖代々の思いが詰まっている

「ご先祖さまが開墾した農地の作物で私たちの体はできている」

「この土地を先祖代々守ってきた」……


親や祖父母から、そんな話を聞いたことがあるかもしれません。田舎の土地にはご先祖さまから脈々と伝わってきたストーリーがあります。

敷地内に先祖代々のお墓がある家も少なくありません。それどころか、道祖神や地蔵、はたまた小さな神社があるケースもよく見られます。田舎の土地は、単に「売り買いできる不動産」という物理的な存在以上の宗教性や精神性を帯びていることがあります。

今は放置されている山林であっても、かつては大切な収益源だった可能性があります。林業をやっていたかもしれないし、薪《たきぎ》を切り出していたかもしれません。原木シイタケを育てていたかもしれないし、水源になっていたかもしれません。山の豊かな恵みが村を潤していた時代があったのです。もしかすると、山林に建っている作業小屋は、先祖の誰かの手づくりかもしれません。

いろいろなパターンがありますが、思い入れが濃いのが田舎の土地の特徴。どんなにお荷物でも、「売ってお金にすればいい」と、単純に割り切れないことが多いのです。

もちろん都会でも、遺産に思い入れがあるケースがあります。たとえば、亡くなった父親が生前、日経新聞とにらめっこしながら株式投資していたとしましょう。相続の際、「株、どうします？」と聞かれたとき、妻や子どもたちは「株はお父さんの顔が思い浮かぶから、売れないよ」となるかもしれません。残された人は、残された財産のなかに亡くなった人の面影を見るものなのです。

しかし、田舎相続はストーリーの歴史から来る重みが違います。「これからどんどん資産価値が下がるから、早く手放したほうがいいですよ」とまわりにアドバイスされても、「先祖代々の土地だから私の代では売れない」と言う人もいます。

田舎では、ただでさえ割り切れない土地に、簡単には割り切れない感情が詰まっているといえるでしょう。

その意味では、「地域コミュニティ」もまた、しがらみのひとつとなります。

都会では、地域とのつながりがすっかり薄れてきました。戸建てに住んでいれば近隣の人たちと付き合いがあると思いますが、マンション暮らしだと隣近所とあいさつを交わすだけで、ほとんど接点がないことも少なくありません。

これに対して、田舎は地域のつながりが今でも色濃く、町内会や自治会も機能しているのが当たり前。消防団に参加したり、まちのお祭りを手伝ったり、町内会の飲み会があったりします。田舎の狭いコミュニティの人間関係のなかで、「自分の代で土地を売るわけにはいかない」と、身動きが取れなくなってしまう人もいるのです。

都会に住む人の目には古くさいと映るかもしれません。しかし、地域の人たちがお互いに支え合ってきた長い歴史をないがしろにはできないでしょう。地域の人たちで山林を共同所有していることも珍しくありません。その権利は地域で山林を守ってきた歴史そのものなのです。

つまり田舎の相続は、単に自分の家の問題ではなく、地域との関わりにも配慮しなければならないことがあるのです。

実家に残った兄と、都会に出た弟のギャップ

田舎相続といっても、すべての関係者が田舎に住んでいるとは限りません。むしろ、そうしたケースのほうが少なく、たとえば長男だけが実家に残り、弟や姉妹たちは都会に出て生活している、といったパターンも非常によく見られます。

実際、田舎で実家を継いだ長男と、都会でサラリーマン生活を送っている弟、両者の感

覚が大きく異なり、すれ違ってしまうのもよくあることです。

たとえ自宅の土地・建物と預貯金が少しあるくらいの財産でも、都会に住む弟からすると、都心部の価値と混同してしまい、「高く売れるでしょ、売ればいいじゃん」などと兄に言うかもしれません。しかし兄は「そんなわけないだろ！」とイライラを募らせることになります。

兄からすれば「俺が親の面倒を見てきた」「家業を継ぐのは大変なんだ」という思いがあるでしょう。一方、弟は「兄貴は親のスネかじりだ」「家賃も自分で払っていないのに」「俺は東京で自立して生きてきたんだ」という思いがあり、すると「財産は平等に分けろ」と主張することになる……というわけです。

これが典型的なもめるメカニズムです。弟は決して欲張っているわけではありません。法律通りに「財産を平等に分けろ」と主張しているだけなのですから。

しかし現実問題として、家を継ぐ長男には、いろいろな義務がついてまわります。家の管理はもちろん、親戚付き合いやご近所付き合いもあり、それがうまくいかなければ、他の兄弟も帰省しにくいでしょう。ご先祖さまが眠っているお墓や仏壇を守り、法要などを主催するのは長男です。これがいわゆる「祭祀の承継」です。家を継ぐと、金銭的にも精神的にも大きな義務を負うことになるのです。

しかし、このことは一切勘案せず、「遺産は平等に分けましょう」というのが民法の精神です。民法は、祭祀の承継と財産の承継を切り離して考えています。「祭祀を承継する人は相続分を多くする」という規定は存在しません。

果たして、財産を均等に分けることが、本質的に平等なのでしょうか？――どちらにも言い分があり、どちらにも一理あります。どちらが正しくて、どちらが間違っているわけでもありません。だから、もめることになるのです。

昔は長男が丸ごと受け継いでいた！

大名の「家督相続」という問題を聞いたことがあるでしょうか。大名にとって、誰がお家を継ぐかは大問題でした。財産から権力、祭祀まで、跡継ぎがすべてを相続したからです。家父長制のもと、正妻が生んだ長男（嫡子）がすべての財産を相続するのが家督相続の基本パターンでした。

家督相続というと、ずいぶん古い話だと思うかもしれません。しかし実は、1947（昭和22）年の民法改正までは、家督相続が行われていました。旧民法では「一家の主たる長兄が、その一家の主たる身分ともども全財産を承継する」と定められていて、弟や女兄弟たちの相続分はゼロだったのです。

それが戦後の１９４７年に民法が改正され、家督相続から均分相続に移行しました。これにより、「長男が丸ごと相続」から「兄弟みな平等に分ける」へ、大転換が起こりました。１９４７年生まれの人は、本書を書いている２０２４年時点で80歳手前。家督相続時代に生まれた人たちがまだたくさん生きています。

この改正を境に、相続制度は抜本的に変わりました。しかし、人々の意識や価値観、家族の形がすぐに変わるわけではありません。現に、今でも「家は長男が継ぐもの」という意識が多かれ少なかれ残っており、特に田舎ではその傾向が顕著です。

子どもたちが田舎から都会へ出ていったり、核家族化したり、少子化が進んだり、あるいは戦後の平等教育が浸透したりして、徐々に人々の意識も変わってきました。「兄弟みな平等」「男女みな平等」という意識が定着し、今は、相続で兄弟が平等であることを誰もが知っています。

民法では、相続人の相続分が定められています。これを「法定相続分」といいますが、「せっかく兄弟が平等に請求できる法定相続分があるならば、とりあえず請求しよう」という権利意識が強くなっているように私は思います。権利には義務がともないますが、義務を果たす前に権利を主張する風潮が、相続の現場にも広がっているのではないでしょうか。

法定相続人と法定相続分とは？

ここで簡単に、相続の基本として、法定相続人と法定相続分についてお話ししておきましょう。

民法では、法定相続人が定められています。法定相続人には、第1位から第3位まで順位がつけられています。被相続人の配偶者は常に相続人で、これに加えて順位が若い人が優先です。先の順位の人が1人でもいれば、あとの順位の人は相続人にはなれません。同じ順位の人が複数いる場合は、全員が相続人です。

図6を見てください。被相続人に子どもがいれば、配偶者と子どもが法定相続人です。子どもが第1順位だからです。たとえ被相続人の両親や兄弟姉妹が生きていても、法定相続人ではありません。

子どもがいなければ、第1位が空位となり、配偶者と第2順位の父母が法定相続人です。この場合も第3順位の兄弟姉妹は法定相続人ではありません。

ちなみに、子どもが先に亡くなっていて、孫がいれば、孫が第1順位の法定相続人です。これを代襲相続といいます。

図6　法定相続人とは？

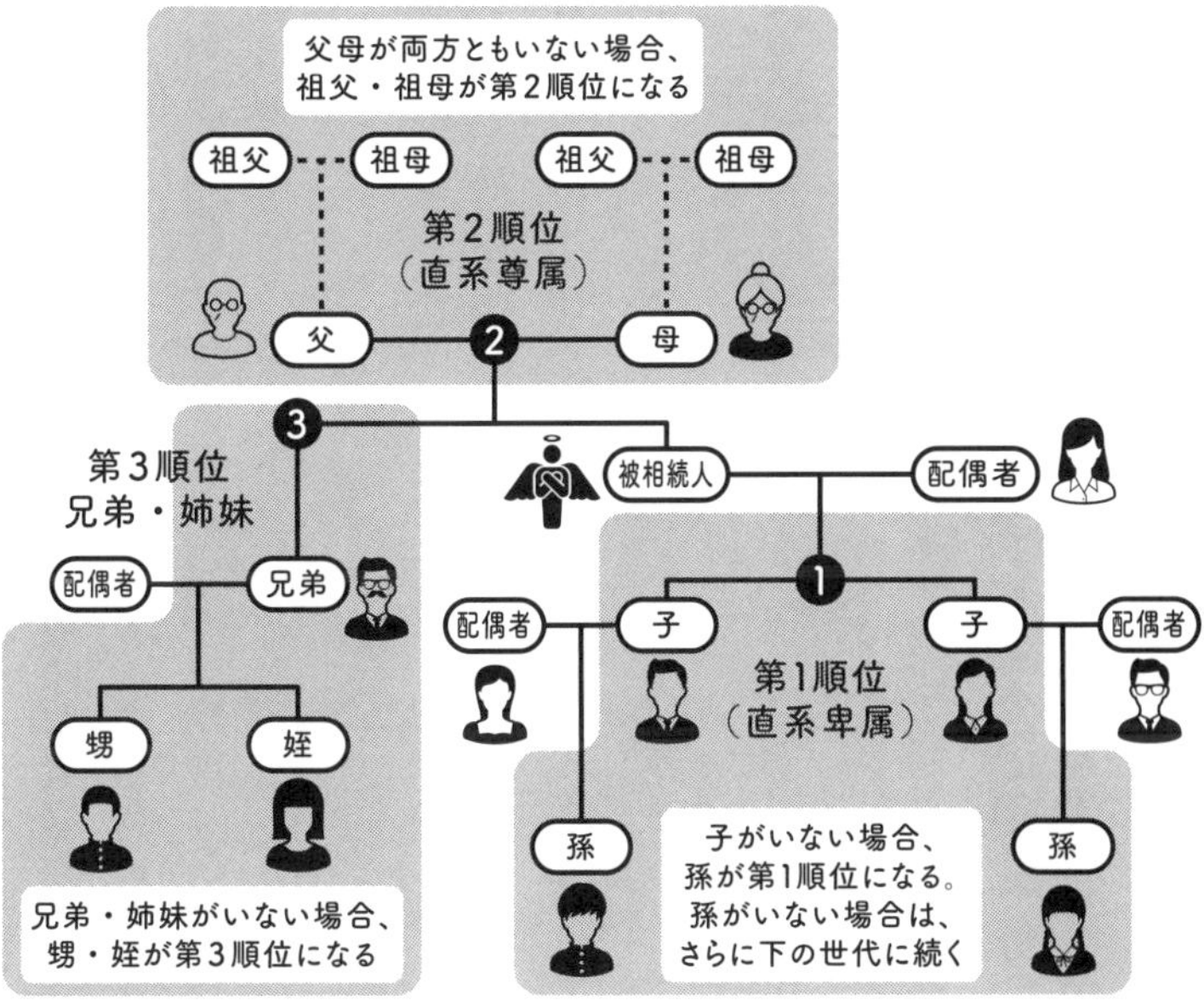

図7　法定相続分とは？

相続順位	法定相続人と法定相続分の考え方	
子どもがいる場合 （第1順位）	配偶者 2分の1	子ども 2分の1を 人数で分ける
子どもがおらず 父母がいる場合 （第2順位）	配偶者 3分の2	父母など 3分の1を 人数で分ける
子どもに父母が ともにおらず 兄弟がいる場合 （第3順位）	配偶者 4分の3	兄弟姉妹 4分の1を 人数で分ける

※ただし、相続人となるべき子どもや兄弟姉妹が相続開始前に死亡しているときは、孫や甥・姪が代わって相続することができる。これを「代襲相続」という

法定相続分は、図7の通りです。たとえば、配偶者と子どもが法定相続人なら2分の1ずつ。子どもが複数いれば、均等に分けます。被相続人が遺言を残していなければ、この法定相続分を基準として遺産を分割するのが基本です。実はシンプルな制度なのですが、感情的にも物理的にも割り切れない財産があるので、もめてしまうのです。

社会が変われば相続も変わる

家督相続から均分相続への転換、これが相続において大きなターニングポイントとなり、今もその流れの中にありますが、最近ではさらに相続の傾向が変わってきたことを感じています。これについて、埼玉県寄居町という田舎エリアを拠点として「田舎相続」を長年扱ってきた橋本則彦税理士に、そのご見解をうかがったところ、次のように述べておられました。

「以前、田舎相続においては、相続する財産としては土地が中心でした。かつては土地以外に財産がないというケースが多かったのですが、最近では土地以外の財産が増えてきている印象です。バブル崩壊に伴って地価が下落し、そのときにある程度の土地を処分して別の資産に換えたというケースが多かったからかと思います。バブル以前の昭和50年代のころは、地価がどんどん上昇して評価が毎年上がっていましたから、そんな状況で相続税を納めるには、土地を処分しなければとても間に合わなかったわけですね。

しかしバブルが崩壊してからは、地主であっても流動資産を持つようになり、加えてさまざまな相続税対策を講じるようになりました。ここ30年でも、人々の財産構成はずいぶん変化しています。

それに、地価が上がり続けていたころは、土地を相続するのはうれしい出来事でした。自分で家を建てようにも、地価が上がってなかなか買えず、だったら土地を相続してそこにマイホームを建てたほうがいい、というわけです。それが今は、不動産が『負動産』とも言われるように、不動産がお荷物となっているケースが少なくありません。さらに、相続人がすでに自分の土地や家を所有していれば、ますます『いらない』となってしまいますね」

橋本税理士はさらに、最近の相続において「集中型への転換」を指摘しておられます。

「日本は、かつて子だくさんが普通で、それは田舎も都会も同様でした。実際に1995年以降の合計特殊出生率は1・5未満で推移していますが、1950（昭和25）年には3・

65。今の70～80代の世代は、3人兄弟や4人兄弟という人も多いでしょう。

家督相続であれば、どんなに兄弟姉妹がたくさんいようと、「長男がすべて相続する」で話はすみました。それが均分相続の時代となり、相続が発生すれば、財産は複数の子どもたちで基本的には平等に分けられます。つまり相続が発生すればするだけ、ひとつの家に集められた財産がどんどん分散されていく、という現象が起こっていました。

しかし少子化が進み、一人っ子が急増しています。夫も妻も一人っ子だったとすると、それぞれの親の財産が、相続を機にひとつの家に集中することになります。いわば『分散型』から『集中型』に変わりつつある、今はその過渡期にあるといえます。

田舎においては、かつては近場の人同士が結婚し、結婚や相続によって両方の家の財産が合体して家のつながりがより強固になる、という意味合いがありました。しかし今は、夫の実家が大阪、妻の実家が埼玉で、夫婦が家を建てて住んでいるのは名古屋、ということもよくあります。その状態ですと、夫婦がそれぞれの親から相続するはずの不動産を放棄するということも起こりますが、そうなると『先祖代々の土地を放棄するなんて』と、親族の間で軋轢が生じかねません。

家督相続の時代は『長男がすべて相続する、代わりに先祖代々の家や土地を守る』というシンプルなルールでしたが、現在ではそう単純な話ではありません。社会が変わり、家のあり方が変われば、相続のあり方も変わります」

私は橋本税理士と交流するなかで、このような相続の歴史的背景についてしばしば深い知見をおうかがいすることがありますが、相続の問題は社会背景や変化と深く根ざしていること、それゆえに、現場で対応する士業も社会変化をいち早く汲み取り、個々のケースに応じたベストな解決策を提供する手腕が求められていることを感じています。

相続の問題は、「こうすればうまくいく」という絶対解はなく、個々の家や財産内容、さらに関わる人の感情で解決策が大きく変わります。ですから、読者のみなさんがご自身の相続の問題を解決したいのであれば、相続の実際の現場でどんなことが起こったのか、そのケースにおいてどのような解決策が考えられるのか、それが大きなヒントになるのではないでしょうか。

そこで次章からは、私が田舎相続の現場で出会ったさまざまな「あるある！」の事例を解説しながら、考えうる解決策についてお話ししていきましょう。きっとみなさんの状況に近いケースもあるでしょうから、ぜひご自身の状況に当てはめながら読み進めていただければと思います。

第1章

田舎相続のリアル

厄介資産編

土地つきのケースが多いのが
田舎相続の大きな特徴。
不動産をめぐってどんなトラブルが
起きるのでしょうか？
ここからは、具体的な事例を通して
考えていきましょう。

あるある事例 1

姉も妹も「農地なんていらない!」

――農地は売るのも管理も大変

―田畑家―

長女　節子（60歳）
次女　操子（58歳）
長男　耕太（54歳没）

―財産―

家屋敷　1000万円
預貯金　1000万円
農地　時価評価額不明

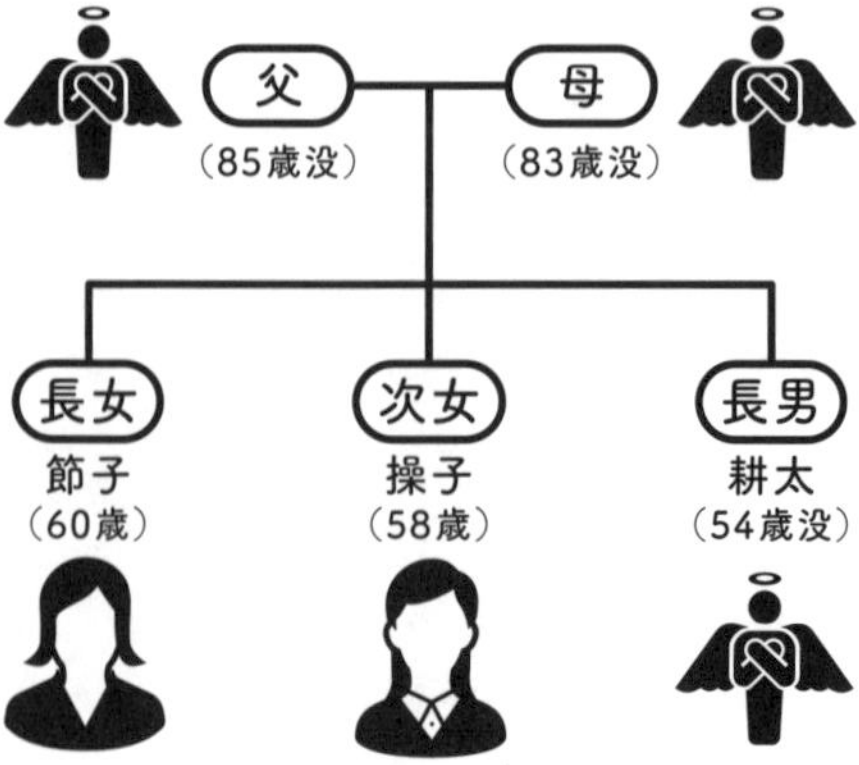

先祖代々農家を営んできた田畑家。両親は亡くなり、長男の耕太が実家を継いで農業を続けていました。2人の姉、節子と操子は結婚して東京で暮らしていました。

耕太は独身でした。中国やフィリピンといったアジアからの「農村花嫁」が流行ったとき、仲介会社に仲立ちを依頼したこともありましたが、良縁に恵まれませんでした。

耕太は実家で一人暮らしを続けていましたが、がんを患ってしまいました。入院先に姉の節子が見舞いに来たときに、次のような会話をしたそうです。

「姉貴、俺が死んだら家のこと頼むね」

「何言ってるの。治るって先生言ってたわよ」

耕太は自分が結婚ができず、家を継いでくれる子どももつくれなかったことで、田畑家が途絶えてしまうことに大きな責任を感じていたのです。

それからしばらくして、耕太は亡くなりました。

残されたのは、実家の家屋敷と農地です。

実家の土地・建物の資産価値は1000万円ほどで、預貯金が1000万円ありました。農地はほとんど価値はありません。これを節子と操子が相続することになりました。

姉妹は何とか実家を残したいと思っていました。節子は耕太から「頼む」と懇願されていたので、なおさらです。

姉妹は仲良し。都内のカフェで何度も話し合いました。


「お姉ちゃん、耕太に頼まれたんだから、相続しなよ。私、預貯金いらないから」

「そうもいかないわよ。家は売れるかもしれないけど、畑なんてどうするのよ」

「長女に生まれた宿命よ」

「よく言うわよ。今は姉妹平等でしょ。あんたのほうが実家に近いじゃない」

「冗談じゃないわよ。田舎が嫌だから東京に出てきたんじゃない」

「家ならまだしも、農地はどうしようもないわよね……」

「あの農地は売れないわよね」

「私たちも年だし、これからずっと管理し続けるなんて無理よねぇ」

「1000万円もらったって、農地の管理にお金がかかるし。子どもに負の財産を残すことになるじゃない。いつまで続くかわからないわよね。エンドレスよ」


2人が出した結論はともに「相続放棄」でした。ただ、節子は弟から頼まれているだけに、心苦しかったようです。しかし、姉妹のどちらかが家屋敷と預貯金を相続したとしても、管理の手間がこの先いつまで続くかわかりません。
今も実家の家屋敷は空き家状態。農地も放置されたままです。

解説

農地は「お荷物」になることが多い

この事例のように、「田んぼなんていらない」「畑だけは相続したくない」と農地が押し付け合いになるのは、田舎相続ではよくあること。子どもたちは親が残す財産を選べません。まさに「相続ガチャ」です。

田畑家の相続でも、農地の存在がネックでした。農地は基本的に評価がものすごく低く、売ろうにも売りにくいのです。しかし相続するなら、きちんと管理しないとすぐに荒れ放題になってしまうでしょう。こういうわけで、相続のときにお荷物になることが多いのが、やはり農地です。

農地の売却は一筋縄ではいきません。農地の売却のためには農業委員会の許可を受けなければならず、売却先は原則としてその地域で耕作している農家か、農地所有適格法人に限られます。2023年4月より農地取得が可能となる下限面積要件が撤廃されたので選択肢は広がりましたが、それでもなお誰にでも簡単に売れるわけではありません。

近隣の農家が買い取ってくれるかもしれませんが、今は農業の担い手不足が社会問題化しており、多くの農家が高齢化しています。今から農地を広げようとする農家は、そう容易く見つかりません。もしも農業法人などの売却先が見つかっても、安く買い叩かれてしまいかねません。

かといって、農地以外に転用するのも難しい。それは、農地法によって農地を他の用途に使うことが制限されているからです。農地を守ることは、ただでさえ食糧自給率が低い日本にとって大問題です。農地を転用するにも行政の審査を受けて許可を受けなければなりません。しかも、住宅や駐車場に転用してニーズがあるかどうかは、立地に左右されます。

このように、農地は売却してお金に換えるのが極めて難しいのです。

それなら、「とりあえず農地を相続して所有し続ければいいだろう」と思うかもしれません。ところが先に述べたように、農地は適切に管理しないと荒れ放題になってしまいます。そうなると、ご近所さんから「ちゃんと管理して」「どうにかしてほしい」とクレームが入るでしょう。

シルバー人材センターに年に何回か農地の整備を頼むとしても、それなりの面積があれば相当なコストがかかります。1回あたり10万円だとすると、年3回頼めば30万円。預貯金1000万円を相続できれば30万円の支出なんて安いと思うかもしれませんが、終わりがありません。もしかすると自分の子どもや孫の代まで続くのです。諸経費や手間も含めると、すべて手放してしまったほうが金銭的にも心理的にも楽というものです。

自分の子どもたちに管理の負担をかけないという意味でも、姉妹は相続の放棄を選択したというわけです。

似たようなケースで、姉が相続を放棄して、妹が「しょうがないわね、じゃ、私が相続するわよ」と相続したケースもありました。というのも、妹の夫が「全然いいよ、草刈りぐらいやるよ」「農業やりたかったんだよ」というタイプだったからです。

これは相続がうまくいった例ですが、「土日に草刈りなんて、俺、絶対嫌だよ」「農業、までやりたくない」という夫なら、相続してもお荷物になるだけです。

昭和の日本には「土地神話」がありました。「土地の値段は上がり続ける」と、根拠もなく信じられていたのです。そんな時代には、まさか土地をいらないと言う人が現れるとは想像すらしなかったでしょう。

しかし、バブル崩壊とともにこの神話も崩壊しました。こうして田舎では、土地はいらないもの、押し付け合うものになるケースが増えているのです。

相続の一部だけ放棄することはできない

農地に限らず、財産には「いらないもの」が含まれていることが多々あります。代表例が借金です。借金も相続財産に含まれます。ただし法定相続人は、財産を必ず相続しなければならないわけではありません。相続を拒否できます。これが「相続放棄」です。

とはいえ、「これはいらない」と財産の一部分だけ放棄するという、都合のいいことはできません。預貯金は相続するけど、農地は放棄する、ということはできないのです。「放棄するならすべて」が原則です。

節子と操子は、家屋敷と預貯金の計2000万円を捨ててでも、相続放棄を選びました。農地をこの先管理し続けるのは、終わりがありませんし、管理コストもかかります。目先の2000万円を得るよりも、将来の負担を見越して手放したほうがメリットがあると考えたのです。

相続放棄は3か月以内!

相続放棄は、相続人が自己のために相続の開始を知ってから3か月以内に家庭裁判所に申し立てなければなりません。ゆっくり考えている余裕はないのです。

ただ、3か月経過後に、被相続人の大きな借り入れが見つかったときなどは、それが判明した日を起算日として3か月以内の申立てが認められたという先例はあります。とはいえ、それが認められない可能性もあります。

大きな「負の財産」を背負ってしまうかどうかの人生のターニングポイントになります。判例や先例に頼らず、3か月以内に相続放棄ができるように段取りをすべきです。

放棄が放置になって、荒れ放題に!?

相続人全員が財産を放棄した場合、本来なら「相続財産清算人(相続財産管理人)」を選任して、財産の管理や清算をしてもらうことになります。相続財産清算人とは、相続人に代わって遺産を管理する人のこと。選任するには家庭裁判所に選任申立ての手続きをする必要があります。親族が相続財産清算人になることもできますが、弁護士や司法書士が選ばれるのが一般的です。

ただ、相続財産清算人を選任するとなると、一般的には、10万～100万円の予納金が必要です。被相続人に予納金相当額の預貯金（100万円以上）があれば不要とされる場合が多いですが、予納金が発生するとなるとなかなかのコストですから、田畑家のケースのように、相続を放棄された家屋敷や農地は放置されてしまうことが多いのが現状です。これが、今、大問題になっている空き家問題にもつながります。総務省の「令和5年住宅・土地統計調査」によると、全国の空き家の数は約900万戸と過去最多でした。全国の住宅の実に13・8％が空き家なのです。

姉妹が「放置しておくのは忍びないから……」と、放棄した実家に足を運んで草むしりするくらいならいいでしょう。ただ、その姿を見たご近所の人たちから「ちゃんと管理してくれるはずだ」と期待されてしまい、精神的な負担となることもあります。

くわえて、相続放棄したのなら、家の中にある金目のものを持ち出してはいけないことも覚えておきましょう。遺品は基本的には手をつけられないのです。

生前贈与&生命保険の活用をしていれば……

それでは、田畑家は耕太の生前に打つ手がなかったのかといえば、そんなことはありません。

まず、家屋敷だけ生前贈与しておくという手が考えられます。耕太が生前に家屋敷だけでも姉妹のどちらかに生前贈与しておけば、相続のときに放棄せずにすみました。たとえ農地を手放しても、家屋敷が残れば、耕太の思いを受け継ぐことができたでしょう。

次に、生命保険を活用するという手もあるでしょう。これまでの判例では、生命保険の受取金は遺産に含まれないとされています。ということは、相続を放棄しても生命保険は受け取れるのです。

この2つを組み合わせて、家屋敷だけは生前贈与しておき、「家屋敷の管理費として使ってくれ」と生命保険をかけて姉妹を受取人にしておけば、家屋敷とある程度の現金は残せたでしょう。すると、いざ相続のとき、実質的に農地だけ放棄することができたと思います。ただし、このスキームは場合によっては無効になる可能生もあるので、専門家に相談しながら活用することをおすすめします。

コラム

定年した親の田舎暮らしやデュアルライフの遺産相続が増える!?

定年退職後に、夫婦で田舎暮らしを始める人がいます。田舎にセカンドハウスを持つデュアルライフ(2拠点生活)を送る人も少しずつ増えてきました。リクルート住まいカンパニーの調査(2019年)によると、デュアルライフを実施している、あるいはその意向がある人は約15%にのぼりました。コロナ禍には、東京から郊外への転出が増えましたが、このことからも田舎の不動産を買う人は一定数いることがわかります。

田舎の不動産は、都会に比べれば圧倒的に安い。場所や物件によりますが、数百万円も出せば広い戸建てが手に入ります。都会でバリバリ働いている人からすると、気軽に買える価格ですね。

これまで田舎相続というと、先祖代々、田舎で暮らしていた人たちが中心でした。しかし、今後はいわば「田舎新住民」の相続が増えていくと考えられます。

しかし、親が田舎暮らし好きだったとしても、その子どもも田舎暮らしを望んでいるとは限りません。たとえば、親が山間部にセカンドハウスを買っていたものの、相続人である子どもがマリンスポーツ好きなら、「俺、海派だから山に興味ないいんだけど」となるかもしれません。

定期的にセカンドハウスに足を運んで手入れするのは大変です。もしかすると、子どもはセカンドハウスを維持するだけの経済力がないかもしれません。手放そうとしても、売ろうにも売れなくなっていたら、相続人からすれば「余計なものを買わないでほしかった」「生きているうちに処分してほしかった」となってしまいます。

こうしたケースでも、生前対策を取っておいたほうが賢明といえます。

ただ、住宅は農地や山林に比べれば売りやすいという利点もあります。実際に私の知り合いには、「うちに売れない不動産はない」と豪語しているような実力派の不動産会社があります。いくつか不動産会社をあたってみれば、売却の道が見えてくるかもしれません。

あるある事例 2

夢だった古民家のリノベーションに「待った！」

──相続登記を怠ってはいけない

─伊集院家─

母　千代（81歳没）

長男　正蔵（54歳）、**妻**　ひかり（52歳）

長女　君代（50歳）

─財産─

自宅　3000万円

預貯金　8000万円

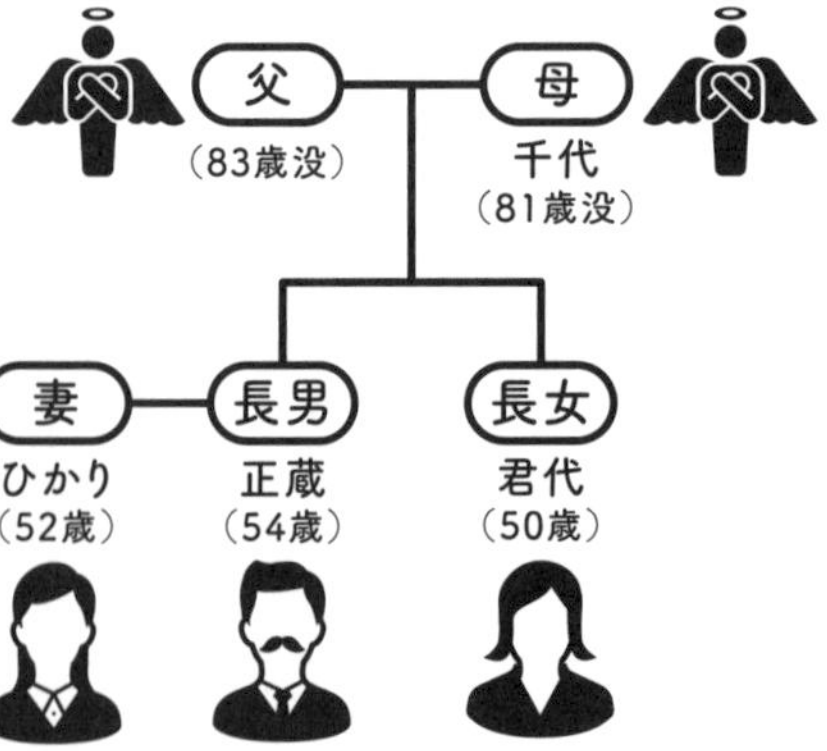

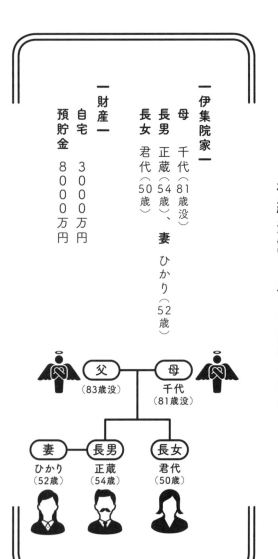

伊集院家は、旧街道の宿場町にある名家です。江戸時代に建てられたとされる築150年以上のお屋敷がありました。父はすでに亡くなって、母の千代と長男の正蔵夫婦がそのお屋敷で同居していました。長女の君代は嫁に出ています。

母の千代が亡くなり、正蔵と君代が相続することになりました。土地・建物の資産価値は3000万円、預貯金は8000万円。正蔵は土地・建物と預貯金2500万円の計5500万円、君代は預貯金5500万円をそれぞれ相続することになりました。

兄弟での争いごとは一切なく、円満に遺産分割協議はまとまりました。これで一件落着かと2人とも思っていました。

正蔵の妻であるひかりは以前から、「古民家をリノベーションしてカフェを開きたい」という夢をよく語っていました。そこで正蔵は相続を機に、ひかりの願いを叶えることにしました。

しかし、正蔵が不動産の相続登記をしようとしたところ、祖父の名義のままになっていたことが判明。そうなると、勝手に建物を正蔵の名義で登記することはできません。

正蔵は祖父の戸籍までさかのぼり、権利者を確定させましたが、祖父は祖母と二度目の結婚だったことがわかったのです。権利者は、なんと総勢30人にものぼりました。

正蔵はすべての権利者に手紙を送り、5万円のハンコ代を渡して相続の権利を放棄してもらうように依頼しました。ほとんどの権利者は「5万円ももらえるならラッキー」とばかりに、権利放棄の書類にハンコを押し、返送してくれました。

ところが、なかには固辞する権利者が現れました。それは、祖父の前妻の子どもたちです。どうやら祖父は、前妻を捨てて不倫相手の祖母と再婚したらしく、祖父の前妻は女手ひとつで苦労して子どもたちを育てたようでした。前妻の子や孫たちはそのことを根に持っていたのです。「なんで、母を捨てた元夫の子孫の相続の手伝いをしなきゃならないんだ！」という心境なのでしょう。

正蔵は祖父の前妻の子や孫らに連絡を取ってみましたが、「絶対にハンコなんか押さない」「なぜ、あんたの相続に協力しなければならないの」と、にべもなく押印を拒否されました。

正蔵はもうヘトヘトです。「古民家のリノベーションに2000万円くらいかかるし、こんな大変な思いまでしてやることないよな」と、あきらめることにしました。正蔵が消耗している姿を見ていたひかりも、「しょうがないわよ」と同意してくれました。

解説

所有者不明土地は、九州の面積以上！

正蔵が古民家をリノベーションするためには、銀行からリフォーム資金の融資を受ける必要があります。そのとき、土地と建物を自分の名義にして抵当権の設定登記をしなければ、融資を受けることはできません。銀行に「あれ、おじいちゃん名義ですね。これじゃ融資は出せませんよ」と言われてしまうでしょう。

日本には、登記簿上の所有者が死亡していたり連絡先が不明だったりして、誰のものかわからない土地（所有者不明土地）がたくさんあります。その広さは、２０１６年時点で約４１０万ヘクタール（国土交通省調べ）。これは国土の約20％を占め、九州の面積を大きく上回ります。つまり、九州の広さ以上の土地が「持ち主不明」なのです。

この大きな原因は、相続登記をしていないことです。土地を相続した人が「私が相続しました」と登記するのがルールではありますが、実は、これは長い間義務化されていませんでした。相続登記をするには、手間もお金もかかります。そのために相続登記をしないケースが多発し、相続未登記問題が深刻化したのです。

実際に、私自身、相続や不動産登記をお手伝いするとき、相続登記されていないがために手間取ることが少なくありません。たとえば、次のようなケースがありました。家屋敷に代々の長男が住んでいて、あるとき、土地の一部を買いたいという人が現れました。「いらない土地なので売ろう」となったのですが、登記簿を調査したら、名義が何代も前のもの。本人は「えっ!?」と驚いていましたが、これではすぐには売れません。相続登記をしなければならないからです。

「なぜ、登記している人と住んでいる人が違っていても、問題にならないの?」と疑問に思うかもしれませんね。それが、何の問題もなく住むことはできるのです。

土地情報には、不動産登記簿謄本のほかに、固定資産課税台帳、農地台帳などがあり、目的別でいろいろな公的データベースが作成されています。たとえ住んでいる人と登記している人が別人でも、固定資産税を納めていれば、自治体としては何も問題はないのです。本家の家屋敷に長男一家が住んでいる場合、長男には法定相続分による持分権があると考えられます。わずかでも持ち分があれば居住する権利は認められますし、長男が住んでいることに対しては兄弟姉妹もほかの親戚もまったく異和感を持たないでしょう。

土地だけ相続登記して、建物は漏れているケースも

今回の伊集院家のケースでは、建物の相続登記が漏れていたわけですが、なかには土地は相続登記されていても、建物は漏れているというケースがあります。

ちょっと不自然だと思うでしょうが、こうした場合、司法書士がアドバイスした可能性があります。司法書士が「建物は取り壊したときに滅失登記すればいいから、わざわざ建物は登記しなくてもいい。その分、登録免許税が安くなるから」とアドバイスするケースを聞いたことがありますが、価格の安さでしか自らの価値をアピールできない士業や専門家も、一部には存在します。

ただし、目先の登録免許税を惜しんだばかりに、あとあと相続のときに大変な思いをするかもしれません。読者のみなさんには、土地も建物も相続登記を怠らないでいただきたいと思います。

相続登記が2024年4月1日から義務化

所有者不明土地問題や空き家問題があまりに深刻化していることから、ついに国も対策

に乗り出しました。２０２１年に相続登記を義務化する法案が可決され、２０２４年４月１日から施行されたのです。

通常の法律は、施行されて以降の事象が対象です。ところが、この法律は過去にさかのぼって適用されるという点が珍しく、つまりこれから相続する人はもちろん、過去に相続した人も相続登記をしなければなりません。どこまで厳格に適用されるかはまだ不透明ですが、罰則規定も設けられています。

将来の相続、あるいは不動産の売買や活用などを考えても、きちんと相続登記をしておくようにしましょう。

あるある事例 3

山林の共有者が100人以上！

——共有の山林がないか、必ず確認を

―遠山家―

父　森夫（77歳没）
母　美紀（71歳）
長女　由紀（49歳）
長男　町夫（47歳）

―財産―

自宅　1000万円
預貯金　2000万円
共有名義の山林　時価評価額不明

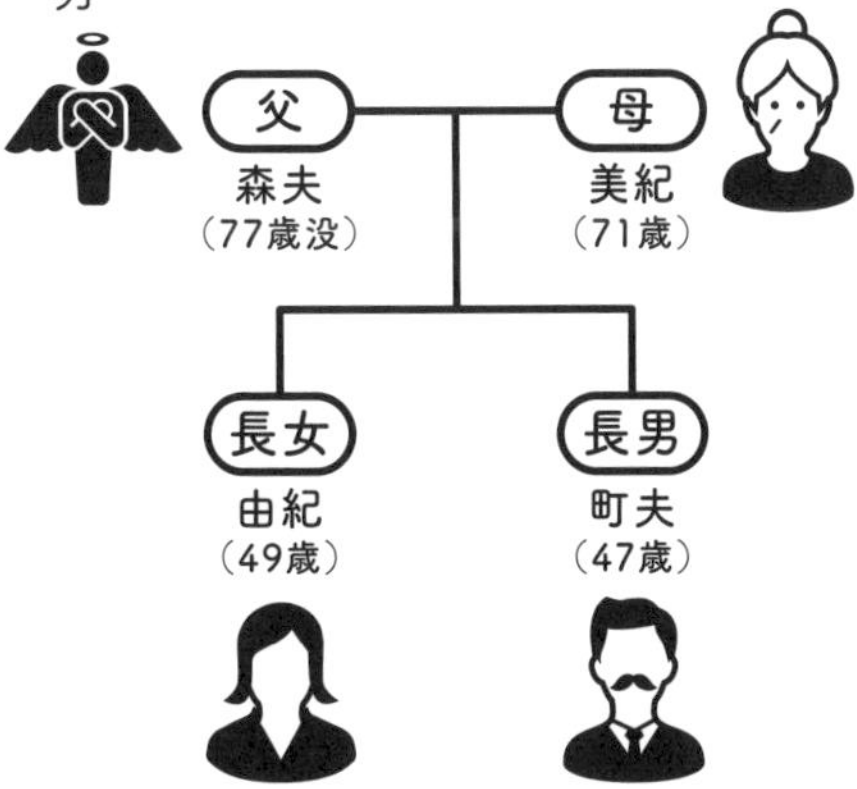

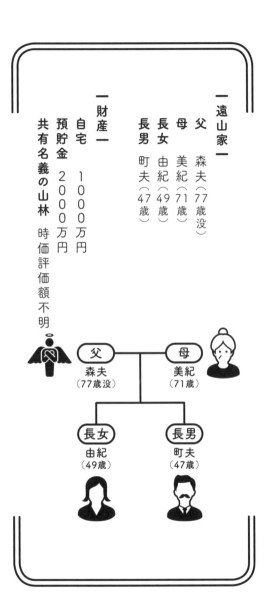

遠山家では父の森夫が亡くなり、残された妻の美紀と長女の由紀、長男の町夫が相続について話し合いました。由紀と町夫は「お母さんのこれからの生活があるから、全部もらっておきなよ」という意見で一致。こうして森夫の財産は、妻の美紀がすべて相続することになりました。

美紀は、司法書士に自宅の土地と建物の相続登記を依頼しました。遠山家は代々山間部に住んでいます。それを聞いた司法書士はピンと来ました。

「もしかして、共有の山林はありませんか？」

「なんか、あるって言っていた気がするわね……」

「それ、どこかわかりますか？」

「えーと……。あのへんの山かしら」

「たしかにお宅のエリアだと、この辺りの山林の可能性が高いですね。調べてみましょうか？」

「お願いします」

司法書士が調べてみると、やはり森夫は山林を共有名義で所有していました。共有者の数は、実に100人以上です。森夫の権利部分の名義は、森夫の父のままでした。そこだけ相続登記が漏れていたのです。

司法書士が「山林の持ち分は、おじいさんの名義ですよ」と美紀に伝えると、「えぇっ！」と驚いていました。

「これを機に、相続登記をしますか？　今やっておかないと、権利者がどんどん増えて大変になりますよ」

「それじゃ、お願いします」

司法書士は戸籍をたどって権利者たちを特定し、権利を放棄してもらいました。こうして美紀は無事に、山林の持ち分を相続登記することができたのです。

解説

実はよくある！　共有林の登記漏れ

山林を共同所有しているのは、田舎ではよくあることです。この話と同じく、まるで分譲マンションのように100人以上がひとつの山を共有しているケースも珍しくありません。

かつては山で薪《たきぎ》や山菜、獲物などを取っていて、山は文字通り「宝の山」でした。「この山のこのエリアは、この集落のみんなのもの」といった入会権のようなものがあったのでしょう。


ところが今は、価値のない山がとても多く、相続したところで農地のようにお荷物になりかねません。さらにこの事例のように、自宅の土地・建物はきちんと相続登記をしたのに、共有している山の名義の書き換えが漏れているというのが、田舎ではよくあります。

私は、共有の山林の登記が漏れているケースをそれこそ山ほど見てきました。だから山林の近くに住む方からの相談では、「共有の山をお持ちではないですか？」と必ず確認します。すると、「そういえば、お父さん、何か山があるとか言っていたかも」「子どものときに山に連れていかれて『この山は俺のもんだ』と自慢していたわ」といった話が出てくるものです。そこから「共有者名簿はないですか？」「何かヒントになる資料はないですか？」と深掘りすると、何かしら出てくることが意外にあるのです。

また、山林は、都会の住宅地のように境界が明確ではなく、明治時代に描かれたあいまいな公図に基づいていることがほとんどです。共有者名簿が残っていても、いったい山のどの部分が自分の所有地なのか、わからなくなっていることもあります。

古くから山に入り慣れている森林組合のベテランは、木の植え方を見れば誰の土地かわかることもあるそうですが、一般の人にはとてもわからないでしょう。

山林を共有しているからといって、相続のときは他の共有者の同意などは不要です。自分の持ち分の相続登記をするだけでかまいません。

かつてはゴルフ場開発で山林が買い取られるケースもありましたが、今はそうしたチャンスはほとんどないようです。オートキャンプ場などに活用するケースもありますが、立地によりけりですから、やはりお荷物になりやすい資産といえます。

相続登記が義務化されたこのタイミングで、共有の山林があるかどうか、今一度チェックしてみることをおすすめします。

あるある事例 4

実家を売りたいけど、敷地内の墓地は残したい！

——屋敷墓地を守るには？

—坂田家—

母 小百合（84歳没）
長男 大吉（58歳）
次男 小吉（55歳）

—財産—

自宅 3000万円
預貯金 1500万円

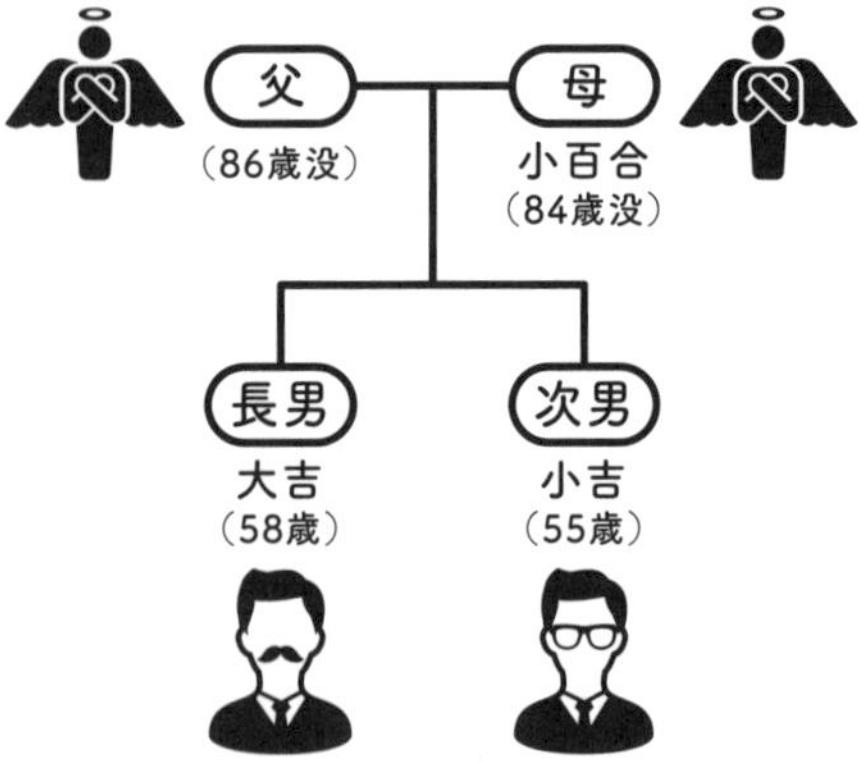

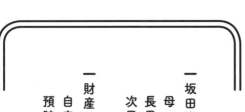

坂田家では、父が亡くなったあと、妻の小百合が自宅を相続して1人で住んでいました。長男の大吉と次男の小吉はともに東京に出て家庭を持ち、それぞれサラリーマン生活を送っています。すでに東京郊外にマイホームを購入している2人は、田舎に戻る気はまったくありませんでした。

しかし小百合が亡くなり、自宅と預貯金を大吉と小吉が相続することになりました。財産は、200坪の家屋敷3000万円と預貯金1500万円。大吉と小吉は仕事帰り、新橋の居酒屋で酒を飲みながら相続について話し合うことにしました。

まず、兄の大吉が口火を切りました。

「お前、実家いる?」

「いらないよ。老後は田舎もいいかな、とは思うけど、管理が大変だし。実家を相続したなんて言ったら、嫁が怒るよ」

「だよな。俺もいらない」

「売るしかないよね」

「生まれ育った家を売るのは忍びないな」

「そうだけどね」

2人は実家を売って現金化し、財産を均等に分けることにしました。

「田舎といっても駅から近いし、売れるだろ」
「まわりにはけっこう建売住宅が増えているしね」

ところが、ひとつだけ問題があったのです。

「あのさ、家の敷地内に墓があるよな」
「あぁ……。あれはさすがにつぶせないなあ……」

2人は、実家を売ることには意見が一致していましたが、気がかりなのはお墓のことです。都会では自宅の敷地内にお墓があることはまずありませんが、田舎ではよく見られる光景です。

大吉が実家近くの不動産会社に相談すると、すぐに買い手から引き合いがありました。大手のパワービルダーが興味を持っていて、建売住宅を開発するための用地にするということ。

「墓は残したい」というのが2人の意向でした。そこで2人は、売買契約の際、「墓を残して、墓の所有者や親族は通行権を持つ」という特約を結ぶことにしました。

兄弟が売却した実家は、4棟の分譲住宅になりました。お墓とそこに至るまでの通路は確保され、自由にお墓参りができるようになっています。

解説

墓参りのための通行権を設定する

個人の敷地内にある墓地は、「屋敷墓地」や「個人墓地」と呼ばれます。屋敷の敷地以外でも、田畑の片隅や山の麓に存在することもあります。

「土地は売りたいけど、先祖代々の墓はつぶしたくない」——この話の兄弟のように考えるなら、土地の売却にあたって通行権を設定するといいでしょう。そうすれば、残した墓にアクセスすることができます。

ただし、このやり方は問題解決の先延ばしにすぎないことは、覚えておいていただきたいと思います。大吉や小吉の子世代、孫世代になったとき、「お墓はもう管理できないから、つぶすことにした。その土地を買い増ししてほしい」とまわりの土地の所有者に申し入れたても、聞き入れてくれるかはわかりません。買い手がつかなければ、活用しにくい土地をただただ所有し続ける羽目になってしまいます。

「先祖代々のお墓を残したい」という気持ちはよくわかりますし、もしかすると「早く取引を成立させたい」という不動産業者が通行権を提案したのかもしれません。しかし、思い切って近くのお寺に移したほうが、次世代に長きにわたって引き継ぐことのできる、根本的な解決策になるかもしれません。

お墓を残したいのであれば、通行権を設定するのはたしかにひとつの方法です。しかし相続ではそれ以上に、長期的な視点でどうしたいのかを考えることが大切です。

今を生きる自分たちも、その次の時代を生きる子や孫の世代も後悔や苦労をしないように、さまざまな選択肢を検討したうえでベストな方法をとっていただきたいと思います。

あるある事例 5

不動産を兄弟2人で仲良く相続？

——不動産の共有は根本的解決にはならない

—滝田家—

母　みどり（81歳没）
長男　守（52歳）
次男　呉夫（46歳）

—財産—

自宅　2000万円
預貯金　500万円

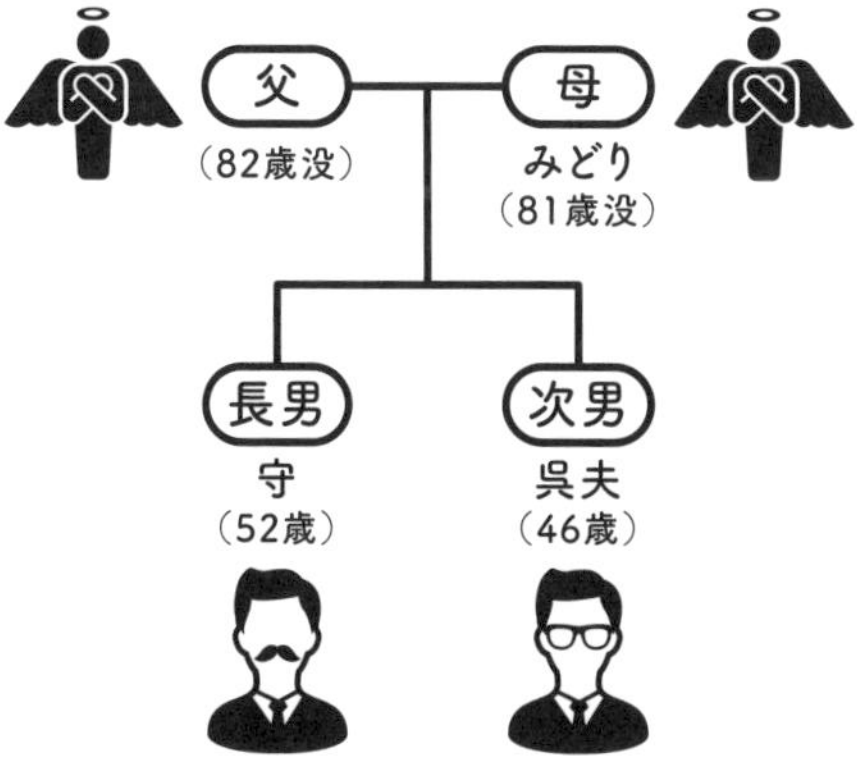

滝田家では、長男の守が実家で暮らし、母のみどりを介護していました。守がそのまま家を継ぐことは、滝田家の暗黙の了解でした。

母のみどりが亡くなると、守と呉夫は遺産分割について話し合いました。とはいえ、守は「この家や財産を継ぐのは自分だ」と信じて疑わず、この話し合いも、「そのことをあらためて合意して、ハンコ代を渡す場」くらいに捉えていました。

しかし、呉夫は突然、「法律では、兄弟平等だよね」と言い出したのです。守ははじめこそ驚いたものの、欲張るつもりは毛頭なかったので、2人で均等に分けることに。結果として預貯金500万円は半分ずつ、自宅の不動産も半分ずつ相続して共同で保有することにしました。

ところがその数年後、呉夫が次のように言い出しました。

「兄貴、俺、今、失業中なんだ。貯金を切り崩して生活しているんだよ。子どもの学費もかかるから、実家の持ち分を買ってもらうか、一緒に売ってもらうわけにはいかないか？」

2人は何度も話し合いました。しかし、守にはさすがに買い取るだけの金銭的余裕はありません。かといって、呉夫の家族を路頭に迷わせるわけにもいきません。

2人は何度も話し合いを重ね、最終的には泣く泣く実家を売却することにしたのです。

解説 感情と不動産は割り切れない

「割り切れない」——これが相続でもめる大きな原因です。財産的にも、感情的にも、スパッと割り切れるケースは少数派かもしれません。

財産的に割り切れないものの代表格が、不動産です。お金なら簡単に分割できます。しかし、自宅など不動産はそうはいきません。この事例では、権利を2分割して相続しましたが、これは平等を絵に描いたようなやり方です。2人は裁判沙汰になったわけではなく、兄弟仲は今でも良好です。

しかし、守には割り切れない感情が残りました。次男の呉夫は、両親のことは守に任せっぱなしで、「便りのないのはよい便り」とうそぶき、めったに帰省しませんでした。かたや守は、法要やお墓の管理、親戚付き合い、近所付き合い、地域の祭りのお手伝い、消防団など、さまざまな務めを果たしてきました。金銭的には平等な相続でも、それ以外の部分は必ずしも平等とは限りません。

お墓や仏壇などを守る「祭祀の承継」まで含めれば、必ずしも金銭で均等に配分することが平等とはいえないように思うのですが、法律では、祭祀の承継と遺産の承継を完全に分けて捉えています。祭祀を承継する人間に配慮して相続分を決めるという規定はありません。

ただし次男の呉夫からすると、「兄貴は大学に行かせてもらったじゃないか」「実家暮らしで家賃を入れていないだろ」といったように、不公平感を抱いているかもしれません。立場が違えば言い分も違うのですから、どちらが正しくてどちらが間違っているというわけではありません。

このように、金銭的に完全に平等に分けたからといって、祭祀の承継を含めて、さまざまな面で必ずしも平等にはならないからこそ相続はややこしいのです。

「寄与分」が認められる可能性もある

ただ、守は母のみどりを献身的に介護していたので、「寄与分」が認められる可能性があります。寄与分とは、被相続人の事業を手伝っていたり、療養看護をしていたりといったことを行っていた場合、本来の相続分とは別に与えられるものです。寄与分の金額は、相

図8　親の療養介護が「寄与分」として認められるための主な要件

☑療養介護が被相続人にとって不可欠なものである
被相続人が介護を必要とする状態にあったかが問われる。
基本的には、「要介護２」以上の状態がひとつの目安とされる

☑特別な貢献である
同居やそれに伴う家事負担だけでは認められないので要注意。
入院・施設へ入所していた場合も不可

☑対価を受け取っていない
報酬を受けていた場合でも、著しく低額であれば認められる場合もある

☑一定期間以上行っている
個別に判断されるが、一般的には数年程度が必要とされる

☑相続人にかなりの負担が生じている
療養介護のために退職したなど、自分の生活を崩してまで
貢献していた状況である場合

☑療養介護が、被相続人の財産の維持・増加に貢献している
自宅介護によって施設費用・ヘルパー費用などが削減できたなど、
被相続人の財産を減らさずにすんだという事実が必要

続人同士の話し合いで決めるのが原則ですが、折り合いがつかなければ裁判所による調停、さらには裁判所の判断を仰ぐことになります。

ただし、「自分も親を介護していた」という人は多いと思いますが、寄与分の要件は厳しく、現実的には寄与分が認められるケースはそれほど多くはありません（図8）。

かつて、寄与分は相続人のみが対象でした。しかし、２０１９年から新たに「特別寄与（特別寄与料制度）」ができて、相続人以外でも貢献分を請求できるようになりました。

たとえば、長男の妻が義父や義母を介護していたケースでは、以前は

妻が相続の際に貢献分を求めることができませんでした。しかし、今は貢献分を請求する道が開かれ、義父や義母を献身的に介護していた妻が報われるようになったのは、喜ばしいことといえます。

一方で、特別寄与の制度によって、相続の当事者が増えるという側面もあります。当事者が増えれば、それだけ意見の調整が難航したり、遺産分割が複雑化したりという可能性も増えるわけです。

また、寄与分が認められるためには図8の要件を満たすほか、被相続人の診断書やカルテ、要介護認定書など健康状態を証明する書類、介護日記や介護に使った費用の領収書などが必要となるので、これらの書類はしっかり保管しておきましょう。

あるある事例 6

同じモノなのに価格が4つ？

——不動産のトラブル要因に要注意

ー橋村家ー

母　明美（84歳没）
長男　治（53歳）
次男　浩（50歳）

ー財産ー

土地A　3000万円
土地B　2500万円
預貯金　1000万円

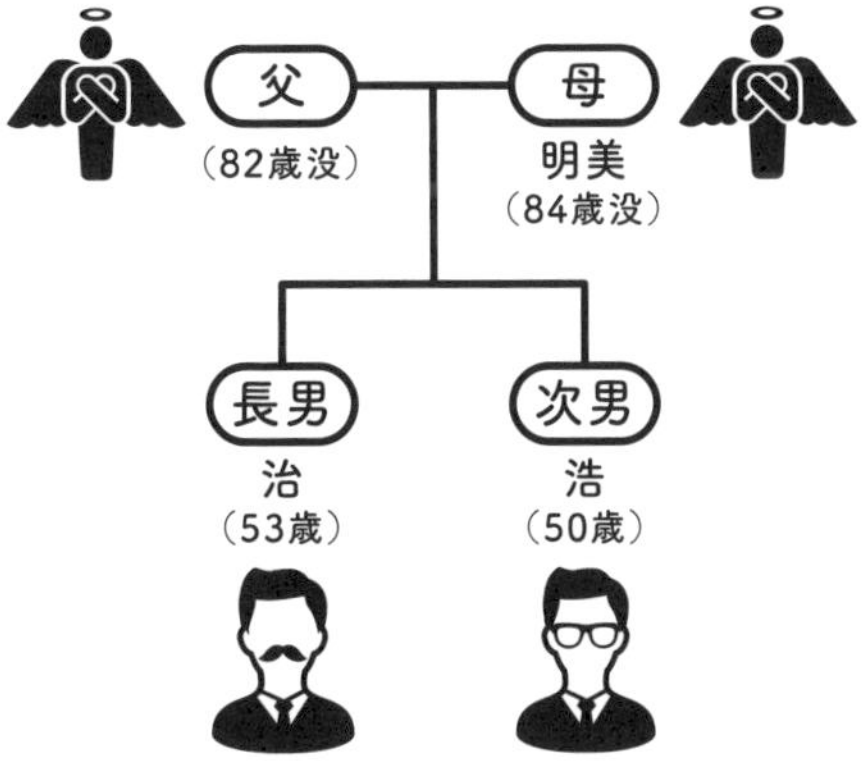

介護施設で暮らしていた明美は、夫から相続した土地を2つ持っていました。夫が自分で買って住んだ土地と、父親から相続した土地です。明美が亡くなると、長男の治と次男の浩が明美の財産を分けることになりました。

兄弟で話し合い、治が土地A、浩が土地Bを相続することになりました。実勢価格（時価。すなわち、実際に市場で売買される価格）では、土地Aは3000万円、土地Bは2500万円です。すると土地Bを相続する浩が、次のように言い出しました。

「俺がもらった土地、そっちより500万円安いから、預貯金1000万円と、あと400万円欲しい」

「ちょっと待てよ。路線価ではどちらも2500万円だぞ。平等じゃないか。預貯金は山分けの50万円ずつだ」

浩はこのように反論し、こうしてもともと仲が良かった兄弟に亀裂が生じてしまったのです。もめにもめた挙句、結局は預貯金1000万円を浩に渡すことで合意しましたが、兄弟の仲は断絶してしまいました。

解説

不動産は「一物四価」

不動産は「一物四価」といわれます。時価（実勢価格）、公示価格、路線価、固定資産税評価額の4つの価格があるからです。

相続税の算出法にはルールがありますが、遺産の分割でどの価格を基準にするかは決められていません。これが不動産の相続でもめる大きな原因になっています。

相続人によって、不動産を高く評価してもらいたい人もいれば、低く評価してもらいたい人もいます。不動産を多く受け取る人からすれば、評価が低いほうがいい。そうすれば、他の相続人に渡すお金が少なくなるからです。逆に、不動産以外の財産を受け取る人からすると、不動産価格は高いほうがいい。そのほうが代償金を高く取れるからです。

「一物四価」であるがゆえに、不動産をめぐってこのように利害関係が生まれやすいのです。

運用価値も加わって大混乱！

仮に、まったく同じ価格の2つのアパートを相続するとしましょう。相続人の間で、価格についてはもめずに合意できました。それでは、都市部の駅近にあるやや築古アパートと、田舎町の駅近にある新しいアパートでは、あなたならどちらが欲しいですか？——迷わず、都市部の不動産を選ぶでしょう。

田舎は、人口減少がどんどん進んでいくでしょうから、いずれ入居者募集に苦しみ、家賃も下げなければならなくなるでしょう。一方、都市部は田舎ほど人口が減りませんし、入居者募集も田舎ほど苦労しないでしょう。ニーズがあれば、家賃もそれほど下げなくてすみます。長期的な運用を考えると、都市部のアパートのほうが将来有望です。

つまり、現時点では同じ価格の不動産でも、立地によっては時間軸を加えた運用価値が異なるのです。不動産の相続では、この運用価値も絡んでくると、ますます遺産の分割が難しくなるのです。

あるある事例 7

旗竿地を売ろうにも売れず

——再建築不可の土地をどうする？

—野口家—
母　純子（88歳没）
長女　美咲（60歳）
長男　一太（57歳）

—財産—
自宅　時価評価額不明
預貯金　500万円

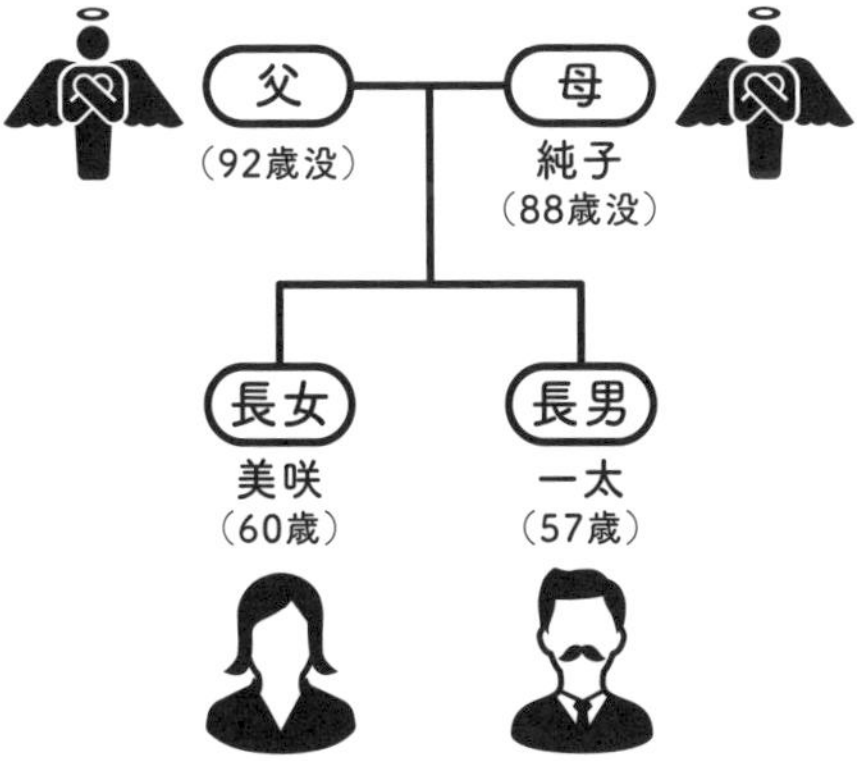

野口家では母の純子が亡くなり、長女の美咲と長男の一太が自宅と預貯金500万円を相続しました。美咲と一太が話し合った結果、自宅を売却して遺産を均等に分割することになりました。

ところが、実家は旗竿地《はたざおち》です。旗竿地とは、細い路地の先にある奥まった土地のこと。旗と竿のような形をしているので旗竿地と呼ばれます（80ページ図9）。

敷地に建物を建てる場合、「接道義務」というものがあります。公道との間口が2メートル以上必要と決められており、つまり細い通路の幅が2メートル以上なければ、新たに建物を建てられません。

しかし、野口家の土地の間口は1・8メートルでした。古い土地のため、尺貫法を基準に整備されていて、間口が1間だったのです。1間は約1・8メートルですから、これでは旗竿地に新しく建物を建てることはできません。

不動産会社に相談すると、「このままでは家を建て替えられないため、買い手を見つけるのが極めて困難」とのことでした。そこで美咲は、隣の川島家に「自分の土地を売るには通路の部分を広げなければならない。そのために土地を少し売ってほしい」と打診しました。ところが川島家は、「あんたたちの土地を売って儲けるために、なんでうちの土地を削らなきゃならないのよ」とへそを曲げてしまったのです。美咲は何度も頼みましたが、川島家は土地を売るのを拒否し、結局、美咲と一太は旗竿地を売ろうにも売れず、自宅は空き家状態が続いています。

解説 再建築や売却が難しい土地がある

土地を相続するとき、厄介なのは農地や山林だけではありません。住宅地でも活用が難しい土地があります。それは袋地《ふくろち》や旗竿地、崖地といったものです。

袋地とは、公道に接していない土地のことで、袋地を取り囲んでいる土地を「囲繞地《いにょうち》」といいます（80ページ図10）。袋地から公道に出るためには、囲繞地を通らなければなりません。このため、袋地の所有者は囲繞地を通って公道に出る権利があります。これを「囲繞地通行権」といいます。

袋地に家が建っていても、今の法律では基本的に再建築不可なので、家を建て替えることができません。リフォームして使い続けるか、囲繞地の土地を買い増しして公道と接するようにして建て替えるかしかありません。

図9　旗竿地

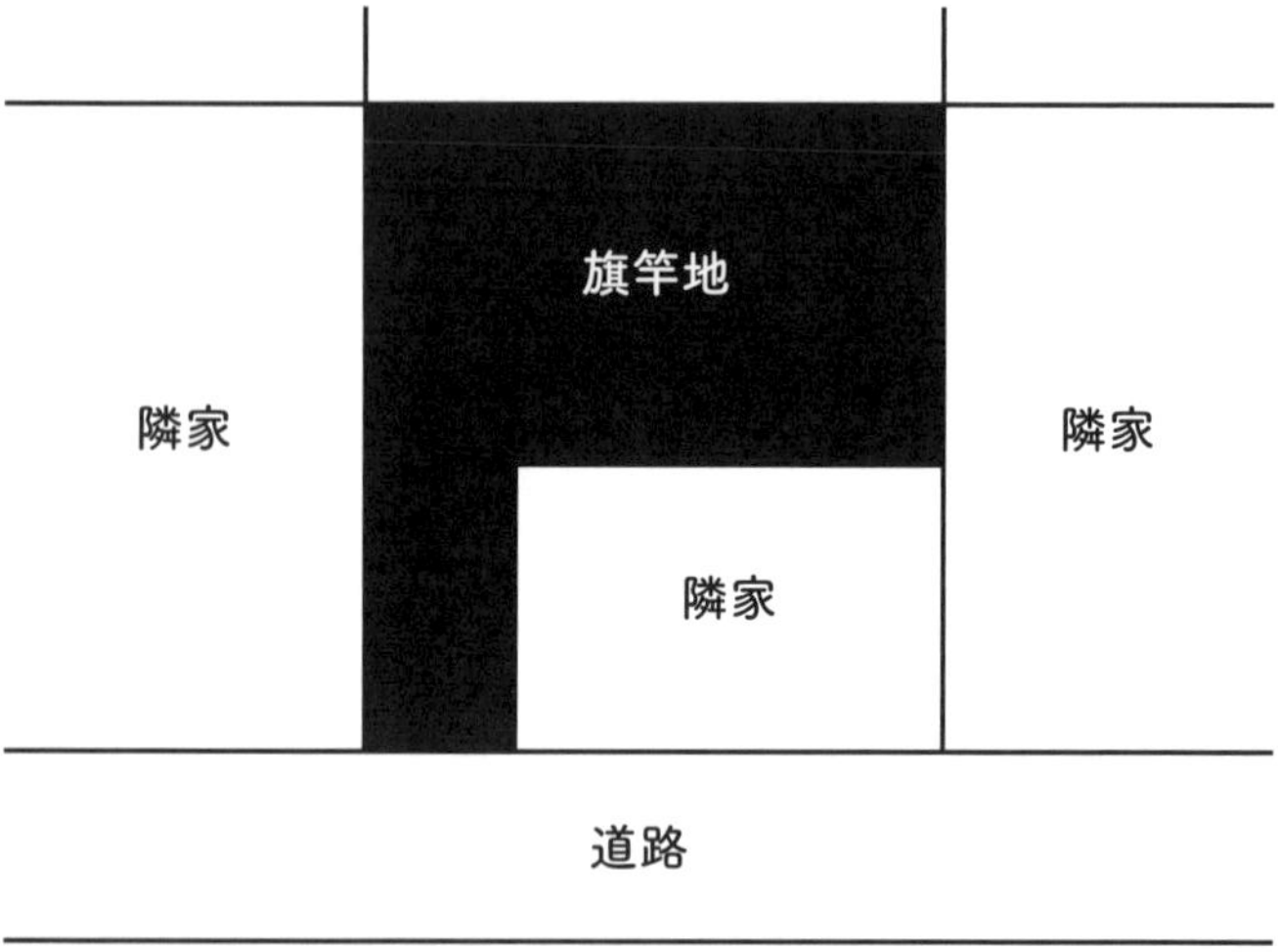

図10　袋地と囲繞地

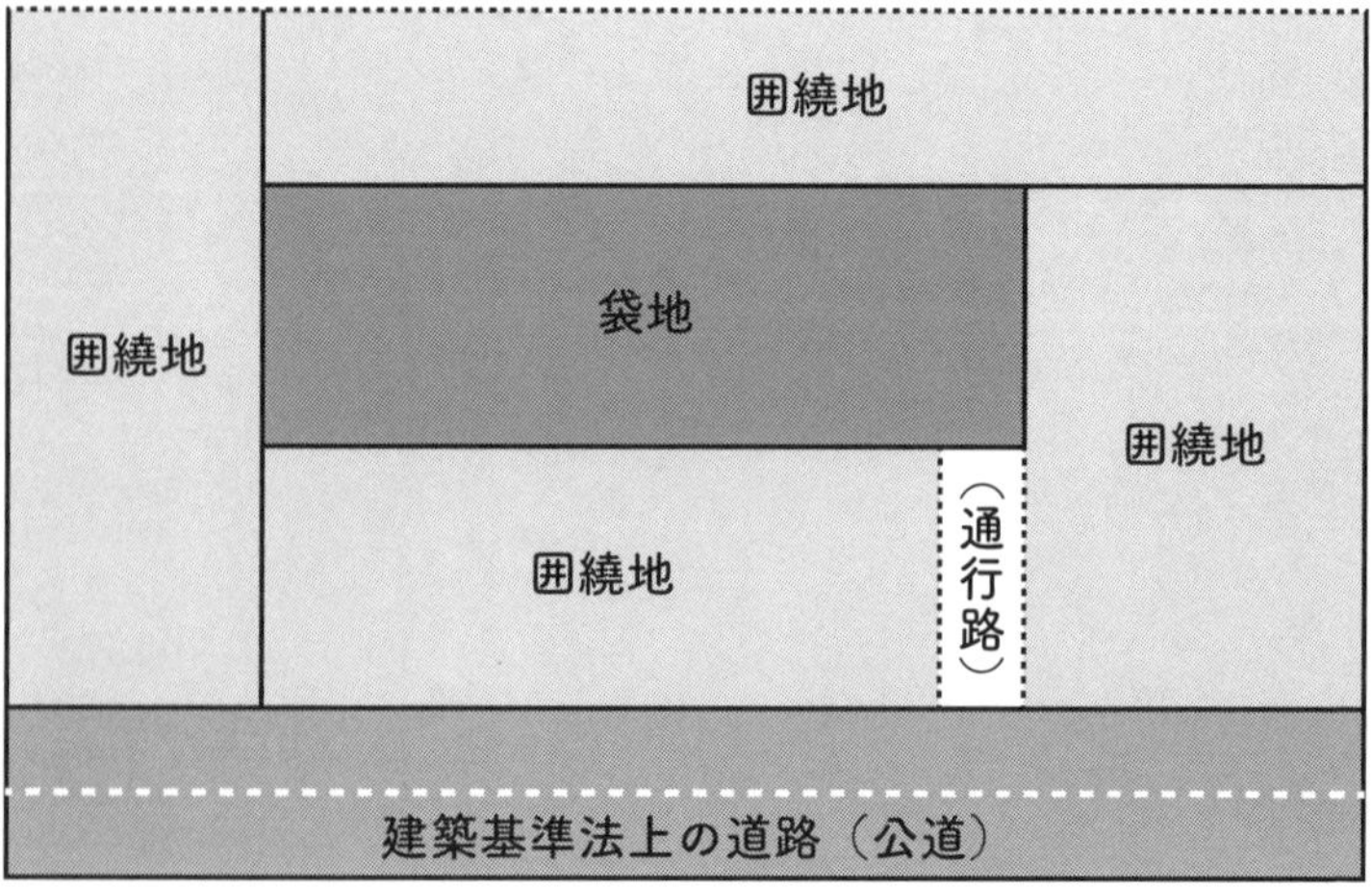

旗竿地は、竿の部分が幅2メートル以上なら建て替えられますが、この事例のように接動義務を満たしていないケースもあります。

また、崖地とは、「地表面が水平面に対し30度を超える角度をなす土地」で、傾斜が急なあまりに宅地などとしての利用が困難です。このような再建築ができなかったり難しかったりする土地は、相続のときにお荷物になる可能性が高いといえます。

囲繞地や旗竿地の処分には、生前から種をまいておく

ややこしい資産ほど、それを活用してくれる人を探すのに時間がかかります。先回りして活用や処分の可能性を探るというのは、生前からやっておいたほうがいいでしょう。

この事例なら、それこそ川島家への買い取り打診は、母・純子の生前にできたことです。川島家と仲が悪かったら言いづらいですが、そうでなければ純子が生きているうちのほうが受け入れてもらいやすいのではないでしょうか。たとえば純子が、「バリアフリーのリフォームをするために、通路を50センチ広げたいので、土地を売ってくれませんか？」と持ちかけたとしたら、隣同士のよしみで、快く受け入れてもらえたかもしれません。しかし、「自分たちが土地を売りたいからすぐに売ってくれ」というのは、相手に「虫が良すぎる」と捉えられても仕方ないでしょう。

あるいは、旗竿地そのものを隣近所の人に買ってもらうように話をつけておくという手もあります。近所付き合いが良好なら、「うちが買ってあげるわよ」と言ってくれる可能性も十分にあります。ただし、再建築不可物件の場合、価格的には足元を見られるとは思います。

いずれにしても、この種の相続の問題を解決するには、地域ぐるみでの相続の視点が必要といえます。

土地の活用を工夫する

袋地や旗竿地、崖地は売ろうとしても売りにくいのですが、工夫によっては売らずに活用できます。

たとえば、旗竿地をドッグランに活用しているケースがあるようです。公道に近いと飼い主は交通事故が心配になりますが、旗竿地ならその心配がありません。ほか、旗竿地には「静か」「プライバシーが守られる」といったメリットもあります。崖地なら、もしかしたら見晴らしのいいオートキャンプ場にぴったりかもしれません。

売りにくそうな土地でも、その利用価値をどこに見いだすか、頭を切り替えてアイデアを出してみれば、思わぬ道が開けるかもしれません。

あるある事例 8

自宅の裏山が崩壊して賠償金⁉

——自宅を放置したツケとは?

—辻岡家—

母　トメ（94歳没）

長男　真也（67歳）

長女　和代（63歳）

—財産—

自宅　1000万円

預貯金　500万円

裏山　時価評価額不明

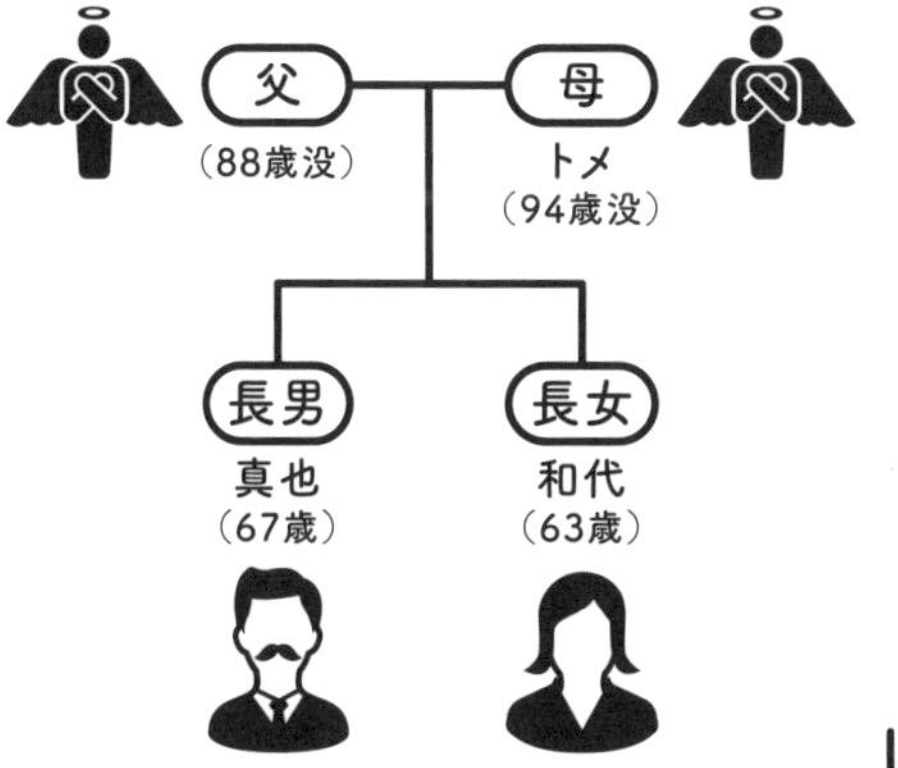

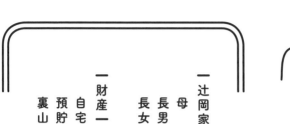

辻岡家では、母のトメが94歳で亡くなりました。長男の真也も長女の和代も都会暮らしです。そこで真也は考えました。

「実家をセカンドハウスにしようかな。裏山で山菜取ったり、シイタケを栽培したりできるし」

この考えを聞いた和代は、「実家を管理してくれるんだったら、任せたいわ」と安心して喜びました。結局、実家と裏山は真也が、預貯金500万円は和代がそれぞれ相続することで話はまとまりました。

真也は、最初のころは月に1回のペースで実家に戻って手入れをしていましたが、そのうち面倒になり、だんだん足が遠のいていきました。実家も裏山も少しずつ荒れていきましたが、離れた都会に住む真也は気にしませんでした。

ところが数年後、大型台風が襲来。裏山で大規模な土砂崩れが起こってしまったのです。下の道路を歩いていた人が、土砂に埋もれて亡くなりました。

遺族は「安全対策を怠った」として、裏山の所有者である真也に対し、損害賠償を求める訴えを起こしたのです。

解説

自然災害で所有者責任が問われることも

神奈川県の逗子市で2020年、マンション敷地の斜面が崩落して、下を歩いていた高校生が犠牲になりました。この事故をめぐって、遺族は管理会社が「安全対策を怠った」として、また、区分所有者の住人たちにも「危険な斜面に関する責任がある」などとして、管理会社と区分所有者に対して損害賠償を求めました。マンションの区分所有者とは、1億円の損害賠償で和解しましたが、2023年に地方裁判所は管理会社側の責任を認め、賠償を命じています。

このように、自然災害による事故でも、土地所有者の責任を問われる可能性があるのです。近年、台風や集中豪雨の被害が甚大化しています。山林や崖地を所有すること自体にリスクが潜んでいることは、意識したほうがいいでしょう。

あるある事例 9

アパートを建てなければ遺産を分けられたのに……

――アパート建築のプラスとマイナス

―野田家―

父　正平（82歳没）
長女　友美（55歳）
長男　源一郎（50歳）

―財産―

アパート1億円
自宅　2000万円
預貯金　1000万円

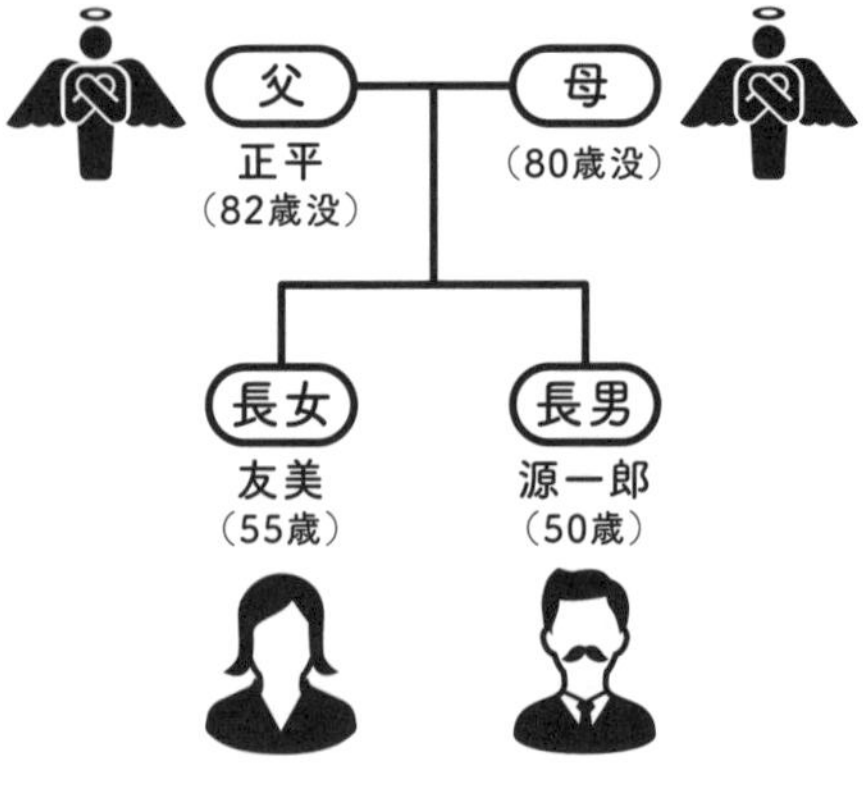

野田家の自宅の土地は300坪の広さがありました。母が亡くなると、あとを追うようにその1年後、夫の正平も亡くなりました。

正平は生前、アパート建築会社の営業マンに「相続税対策になる」と言われて敷地内にアパートを建てていました。長男の源一郎の将来が気になっていることも、正平の背中を押しました。というのも、源一郎は無職だったからです。

源一郎は大学を出て大手機械メーカーに就職しましたが、40歳のときにうつ病を発症し、紆余曲折あって退職。その後、再就職したものの長続きせず、実家に戻ってきてからは、中年引きこもりの状態が続いていたのです。

正平がアパートを建てたのは、そんな源一郎の将来を案じてのことでした。長女の友美は結婚して隣町に住んでいました。

正平が亡くなって、友美と源一郎が財産を相続することになりました。正平は遺言を残していませんでした。

アパートの評価額は1億円、自宅は2000万円、預貯金は1000万円。資産総額は1億3000万円で、2人で分けると6500万円ずつです。ところが、たとえ自宅を売却しても、アパートの価値が大きすぎて均等に分けることができません。

源一郎が1億円のアパートを相続して、自宅と預貯金の計3000万円を友美が相続すると、差額は7000万円。源一郎は友美に7000万円を渡さなければなりませんが、無職の源一郎に貯金はないし、銀行がお金を貸すはずはありません。

しっかり者の姉である友美は、表向きは冷静さを保っていました。しかし本音では、「源ちゃんは働きもしないで、散々親に世話になっていて、相続でもたくさん持っていくなんて、納得できない」と思っていたのです。

結局、アパートを売却して遺産を均等に分けることになりました。実はこのアパートが利回り10％前後の優良物件で、不動産会社に仲介を依頼すると、あっという間に買い手がつきました。

せっかく正平が源一郎のためを思って建てたアパートでしたが、こうして手放すことになったのです。

解説 相続対策と相続「税」対策を混同してはいけない

「相続税対策をしませんか？」――田舎にそれなりの土地を持っている人なら、そんな営業をかけられたことが一度や二度、あるかと思います。

たしかに、アパートを建てるのは合理的な節税策となります。現金で相続するよりも、アパートで相続したほうが相続税の負担を大きく減らせるからです。同じ不動産でも、賃貸に出しているほうが評価額が低くなることも、節税効果につながります。

「できれば相続税を節税したい……」と考える人が多いと思いますが、実はここに大きな落とし穴があります。それは、相続「税」対策は相続対策の一要素でしかないことです。

相続対策と相続「税」対策を混同している人は、非常によく散見されます。

相続対策は、遺産をいかに未来へと橋渡ししていくかを考えることで、これに対して相続「税」対策は、いかに税金を減らすかということです。本書をお読みのみなさんには、両者の違いをしっかり理解していただきたいと思います。

そもそも相続には、次の3つの要素があります。

1　相続税対策
2　納税資金対策
3　争族対策

この3本柱を総合的に考えるのが相続対策です。一方で相続税対策とは、相続税の節税対策です。もしも相続税がかかるなら、納税資金対策も欠かせません。相続税は10か月以内に現金納付が原則ですから、仮に資産価値の高い不動産を相続したとしても、納税資金がなければ困ることになります。納税資金をどう工面するかがポイントです。

しかし、この3つで優先順位をつけるなら、私は争族対策が一番だと考えています。いかに争いごとが起きないようにするか、それが相続においては最も重要なのです。

相続税を払うのはわずか9%!

そもそも、相続税を払う人は全体の何%くらいなのか、考えたことがあるでしょうか?国税庁の調査によると、2022年に相続税が課税された割合は9・6%でした。もちろん財産が多い人は相続税が課税される可能性が高いですが、世の中の9割以上の人は相続税とは無縁だということです。ちなみに、2015年の税制改革以前は、相続税が課税される割合は、わずか4%強でした。

「相続するときは相続税の負担が大きそう」というイメージがあるかもしれませんが、実はほんの一握りの富裕層の悩みなのです。実際に図11の「相続税早見表」を見ると、億単

図11　相続税早見表

単位：円

遺産総額	配偶者がいる場合（配偶者が２分の１を取得）			
	配偶者＋子ども１人	配偶者＋子ども２人	配偶者＋子ども３人	配偶者＋子ども４人
5,000万円	400,000	100,000	0	0
6,000万円	900,000	600,000	299,900	0
7,000万円	1,600,000	1,125,000	799,800	500,000
8,000万円	2,350,000	1,750,000	1,374,900	1,000,000
9,000万円	3,100,000	2,400,000	1,999,800	1,624,800
１億円	3,850,000	3,150,000	2,624,900	2,250,000
1.5億円	9,200,000	7,475,000	6,649,800	5,874,800
２億円	16,700,000	13,500,000	12,174,800	11,250,000
2.5億円	24,600,000	19,850,000	17,999,900	16,874,800
3億円	34,600,000	28,600,000	25,399,800	23,500,000
5億円	76,050,000	65,550,000	59,624,500	55,000,000
10億円	197,500,000	178,100,000	166,349,400	156,500,000

位の遺産がない限り、相続税の負担はそれほど大きなものではないことがわかります。

　つまり、日本国民の9割以上は相続「税」対策は不要といえます。

　相続「税」対策はほんの一握りの人だけの問題ですが、多くの人は「節税」というワードが大好きなように見受けられます。とりわけ中小企業の社長は、節税というワードに弱いのではないでしょうか。私自身も中小企業経営者なのでその気持ちはよくわかりますが、相続税対策が必要かどうか、冷静になって考えてみていただきたいと思います。

アパート建築のプラスとマイナスを天秤にかける

「アパートなんか建てずに、現金で持っていれば、もっと簡単に財産を分けられたのに……」――私が相続のお手伝いをしていると、そう思う場面に出くわすことがよくあります。預貯金は分けられても、不動産は簡単には分けられないからです。

収益物件を相続した人間が代償金を準備できなければ、この事例のように、優良物件であっても売却して現金化しなければなりません。分けづらい資産に変わってしまうこと、ここに収益物件の難点があるのです。

もうひとつの難点は、アパートオーナーという立場を子どもたちが楽しめるかどうかわからないことです。

不動産投資というと、「何もしないでも、物件が収益を生み出してくれる」というイメージを抱く人が多いでしょう。しかしアパート経営は、建てるだけでチャリンチャリンと家賃が自動的に入ってくるような、甘い世界ではありません。不動産賃貸業というれっきとしたビジネスであり、不動産投資で成功している人は例外なく、手間暇をかけて物件の価値を向上させているものです。

果たして、あなたの子どもたちは不動産賃貸業にエネルギーを注ぎたいと思っているでしょうか？　子どもたちがサラリーマンなら、プライベートの時間を費やしてまで取り組む覚悟があるでしょうか？

子どもたちの生活状況や属性、キャラクターまで考えたうえで誰に相続するか、そもそもアパートを建てるかを決めなければ、せっかくのアパートがお荷物となってしまいます。

そもそも、収益不動産は、収益性がなければ意味がありません。正平が建てたアパートは収益が出ているからまだいいのですが、この人口減少時代、建てたはいいものの入居者が集まらないアパートが急増しています。

たしかにアパート建築は合理的な節税策です。ただ、営業マンの口車に乗せられてテンションが上がったがあまりに、自分1人の判断で、勢いで手を出さないほうがいいでしょう。アパートを建てるなら、黒字経営ができるか、相続のときに分けにくくならないかという2つの点を熟考してください。

第2章

田舎相続のリアル

事業承継編

中小・零細の同族企業が多い田舎では、
事業承継と相続問題は
切っても切り離せません。
それこそ農業やアパート経営も立派な事業です。
それでは、事業承継に絡む相続では、
どのようなトラブルが起きるかを見ていきましょう。

あるある事例 10

家業を継ぐ弟に兄が「カネよこせ！」

——たった数百万円で兄弟が不仲に

—三浦家—

父　一郎（75歳没）
長男　欲夫（42歳）
次男　正夫（40歳）

—財産—

自宅兼店舗　500万円
預貯金　100万円

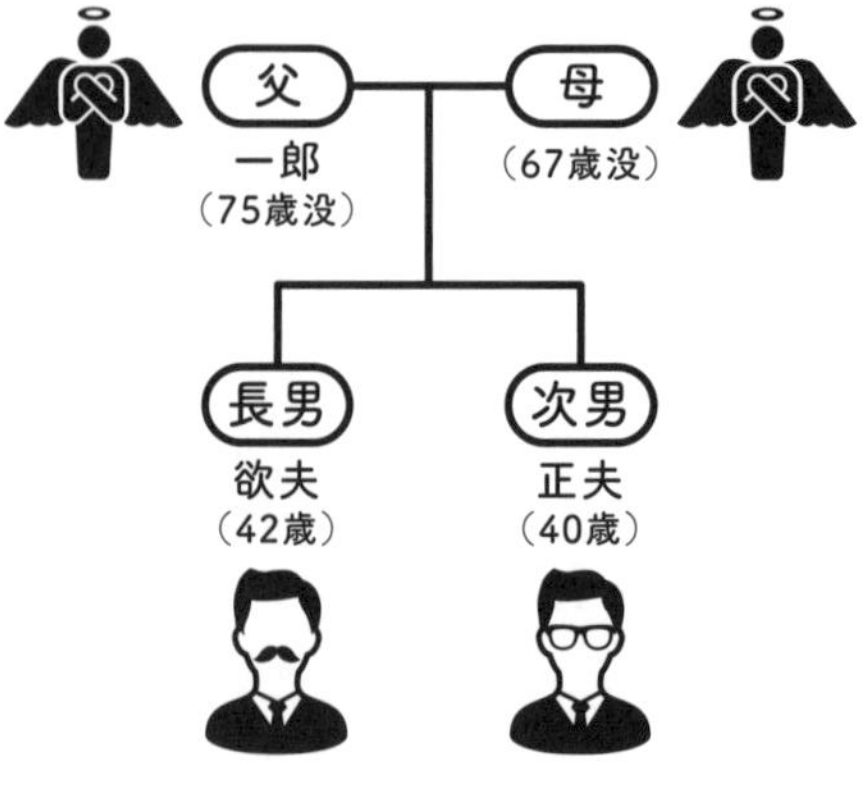

地域の人たちに愛されている「居酒屋さんかく」というお店がありました。カウンター8席と小上がり4卓の小さな居酒屋で、店主の一郎は早くに妻を亡くし、ワンオペで細々と続けていましたが、毎晩、常連さんたちで賑わっていました。

長男の欲夫は「田舎で居酒屋なんて未来がない」と、専門学校卒業後は都内のIT企業でシステムエンジニアとして働いていました。次男の正夫は父親の姿を見ていて、「飲食店っていいいな」と感じており、高校卒業後に都内の高級料亭で修行したあと、地元に戻ってさんかくで働き始めました。いずれはさんかくを継ぐためです。

もともと地元では人気があったお店ですが、「さすが、正夫の料理は東京で修行しただけあってうまい！」と評判を呼び、さらにお客さんが増えて繁盛店になりました。

それが、父の一郎が亡くなり、欲夫と正夫が財産を相続することになりました。さんかくは一郎の個人事業で、自宅兼店舗の評価額は500万円、預貯金が100万でした。

「さんかくは俺が継ぐから、預貯金は兄貴が全部相続していいよ」

正夫は、そう兄の欲夫に話しました。そもそもそれほど大きな財産があるわけではありません。正夫はこれですんなり相続の話し合いが終わると思っていました。

ところが……。

「あのさ、さんかくの価値は500万円だろ。預貯金が100万だと、俺の取り分、200万円少ないよな？」

欲夫は正夫の提案に納得しなかったのです。正夫にとっては予想外の事態でした。さんかくは流行っているといっても、1店舗ではそれほど大きな儲けがあるわけではありません。しかも「安くておいしい」を売りにしているので、ほぼ原価で提供しているメニューもあるくらい、利幅も小さいのです。

正夫からすれば、「兄貴は居酒屋経営の手伝いすらしなかったくせに……」という割り切れない思いがありますが、片や欲夫からすれば、「正夫はこれまで父親にいろいろ援助してもらっているんだろ。俺は親に頼らず生きてきたんだ」という思いがあるようでした。

結局、正夫は銀行から200万円を借りて、欲夫に代償金を払ったのです。

解説

遺言&生前贈与でトラブルは防げた

居酒屋ビジネスは、単価数百円のメニューやお酒をコツコツお客さんに提供して成り立つものです。毎日父親とともに営業努力をしていた正夫からすれば、200万円も借金して兄に払うなんて「やってらんねえよ」という気持ちではないでしょうか。

ただ、欲夫にも言い分はあるでしょう。「弟はクルマも買ってもらっていた」「実家で暮らしていた」といったことに対して、不公平感があったかもしれません。

このようないざこざを防ぐには、何はなくとも遺言が有効です。一郎が「自宅兼店舗を正夫に、預貯金を欲夫に相続させる」という趣旨の遺言を残しておけば、欲夫もすんなり受け入れたかもしれません。

ただし、相続には民法で定められた「遺留分」があります。これは、遺言に何が書かれてあろうと、最低でも受け取れる財産のことです（100ページ図12）。一郎の遺産は計600万円。子ども2人の場合、遺留分は1人あたり財産の4分の1なので、この場合の遺留分は150万円です。欲夫は100万円を相続しても、遺留分に50万円足りません。正夫

図12　遺留分の割合

相続人の組み合わせ	遺留分	各人の遺留分
配偶者と子	2分の1	配偶者 4分の1、子 4分の1
配偶者と直系尊属	2分の1	配偶者 6分の2、直系尊属 6分の1
配偶者と兄弟姉妹	2分の1	配偶者 2分の1、兄弟姉妹 なし
配偶者のみ	2分の1	配偶者 2分の1
子のみ	2分の1	子 2分の1
直系尊属のみ	3分の1	直系尊属 3分の1
兄弟姉妹のみ	なし	なし

※子や直系尊属が複数人いる場合は、「各人の遺留分の割合」をその人数で均等に分ける

に請求すれば50万円を受け取れますが、欲夫は200万円ならいざ知らず、兄弟仲を悪くしてまで50万円を請求するでしょうか？——つまり、いずれにせよ一郎が遺言を残しておけば、いざこざが起こらなかった可能性が高いのです。

このケースでは、生前贈与も有効です。自宅兼店舗は築年数が古く、資産価値は500万円とあまり高くありません。このため、贈与税はそれほど高くないのです。

一郎は生前のうちに、「正夫に自宅兼店舗を贈与するとともに、特別受益の持ち戻しを免除する」という趣旨の遺言を書くという手もありました。「特別受益の持ち戻し」とは、特別に受けた利益を相続財産に加えて計算し直すことです。このような遺言があれば残る財産である預貯金1000万円を欲夫と正夫で分けるだけと

なり、もめなかった可能性が高いでしょう。

後継者の資金繰りを勘案して生命保険をかける

個人事業主の相続でよく問題になるのが、預金口座の凍結です。銀行は、亡くなったことを把握するとその人の口座を凍結します。すると、口座からお金を引き出せなくなり、従業員の給与や仕入れ代金の支払いに困ることがあるのです。実際、相続人による遺産分割協議がまとまるまでは、後継者が自分の財産で立て替えなければならないというケースもよくあります。

こうした事態を防ぐためには、生命保険が有効です。生命保険の死亡保険金は、受取人が書類を用意すれば、一般的には1週間ほどで受け取ることができます。死亡保険金は受取人の固有の財産となりますから、経営者であれば当面の経営資金の確保にもなりますし、葬儀費用や納税資金などに活用することもできます。

相続は親との別れと同時に兄弟との別れでもある

橋本則彦税理士は、「相続は親との別れであると同時に、兄弟の別れでもあります。親が生きているから兄弟なのであって、親が亡くなると兄弟が徐々に他人になっていくのです」と指摘します。わかりやすいのが、従兄弟との関係です。祖父母が健在のときは、祖父母の家に親族が集まることがあり、従兄弟同士の交流があるものですが、祖父母が亡くなると、従兄弟同士が急速に疎遠になっていくのです。兄弟の関係も、これと同じようなものです。

親は、兄弟にずっと仲良くしてほしいと願っていることでしょう。しかし現実を考えると、財産を残す側は、自分が亡くなったあとは子どもたちが他人になってしまうことを想定して、相続対策を考えたほうがいいかもしれません。

あるある事例 11

社長亡きあと、自社株を握った妻が大暴走！

——自社株は会社の支配権そのもの

—甲乙工業株式会社—

社長　甲島やすし（63歳没）

妻　甲島京子（58歳）

常務　乙川清（63歳）

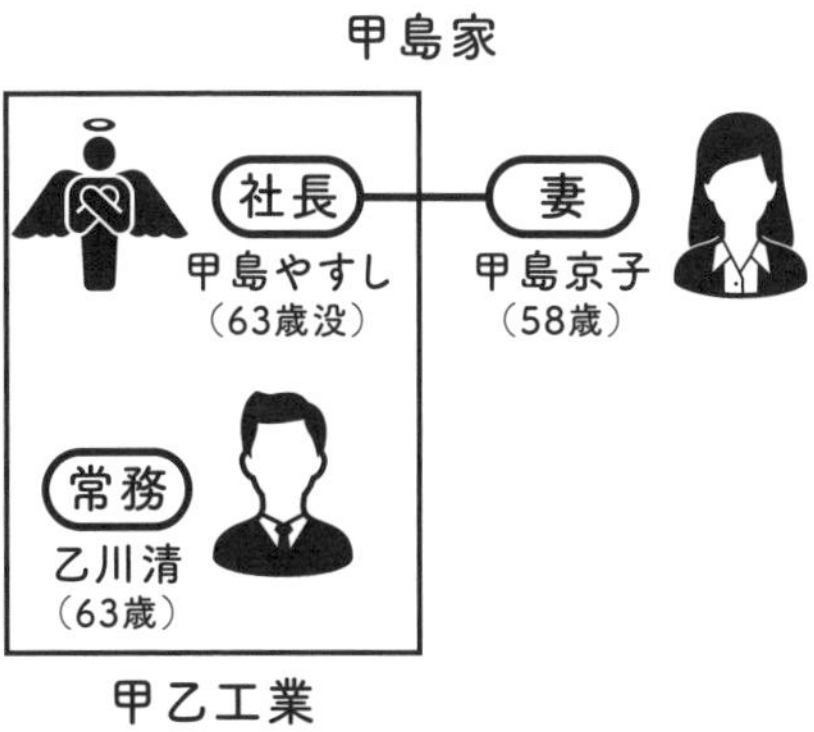

甲島やすしと乙川清は、工業高校の同級生。ともにプレス業界に入り、30歳を機に独立して一緒にプレス会社を立ち上げました。以来、二人三脚で会社を育て、大手自動車メーカーの部品を加工するまでに成長。業界では「技術の甲乙」と呼ばれているほど品質には定評があります。

しかし、甲島社長が63歳で急死してしまいます。乙川常務と社員たちは、一丸となってこの難局を乗り越えようとしました。そんななかである日、甲島社長の妻の京子から乙川常務に提案がありました。

「株主総会を開いてください」

株式は、甲島社長が70%、乙川常務が30%を持っていました。甲島社長の株式を相続した京子は、夫の死によって筆頭株主に躍り出たのです。

株主総会を開くと、そこに現れたのは京子と代理人弁護士でした。そして京子は、現役員全員を解任して、自分が社長になると言い出したのです。筆頭株主の言葉に逆らうことはできず、乙川常務もほかの役員も全員解任され、京子は取り巻きのような人を役員に入れて会社を牛耳り始めました。

しかし、経営にまったく関わっていなかった京子や取り巻きに、プレス会社の経営ができるわけがありませんし、社員たちがついてくるはずもありません。さらに、もともと技術に定評があったこともあり、このお家騒動を知った他社が、優秀な職人を何人か引き抜きました。取引先も甲乙工業を敬遠するようになり、銀行も資金を引き上げるような動きを見せ始めました。こうして、かなり深刻な経営危機に陥ってしまったのです。

倒産したら、京子が持っている株が紙切れになってしまいます。ギリギリの段階になって、京子はやっと「私には無理だったんだ」と気づきました。

京子は乙川常務ら幹部たちを役員に戻し、会社を建て直してもらうことにしました。京子は大株主ですが、さすがに懲りたのか、経営には一切口を出さなくなり、甲乙工業は今では優良企業に戻りました。

ただ、まったくプレス業界の経験のなかった京子の子どもが今でも役員に入っていて、懸念材料は残っているようです。

解説

自社株は、評価額や相続税だけでなく「議決権」を考える

自社株は「会社の支配権そのもの」であり、経営者にとっては絶対に譲れない宝物です。ただし、経営に興味がない人にとってみれば、非上場企業の株式は紙くず同然。上場企業の株式は市場でいつでも売却できるのに対し、非上場企業の株は換金性が低いからです。仮に親や配偶者から株を相続したとしても、「持っていても仕方がないので、できるなら早く換金して手放したい」と思う人は多いでしょう。

自社株の相続となると、株式の評価額や株主からの買い取り資金、相続税対策といったお金の面を気にしがちです。ところがこの事例では、自社株を相続した妻が金銭ではなく経営権を求めて暴走するという、経営サイドが予想だにしない事態に見舞われました。

甲島社長と乙川常務は30年以上、二人三脚で甲乙工業を経営し、2人はお互いに絶大な信頼を寄せていました。どちらが先に死んでも、残ったほうが経営できるから安泰だと考えていたようです。ところが、甲島社長が亡くなると、自社株を相続した甲島社長の妻・京子が経営権を握ってしまいました。

ただ、乙川常務はきっと、京子が自社株の買い取りを要求してくると読んでいたはずです。そのための資金をどう準備するかを考えていたことでしょう。まさか大株主になった地位を利用して経営権を主張してくるとは思っていなかったのではないでしょうか。

こうしたケースにおいても、遺言書が有効です。甲島社長と乙川常務は、もしものときのために、株式の取り扱いなどを明記した遺言書を作成していれば、経営の迷走を避けられたはずです。

事業承継では、自社株をめぐるお金の問題だけでなく、自社株の持つ権限のことも考えておいたほうがいいのです。

自社株は分散させないのが鉄則

この事例のように、過半数の株式を持てば、取締役の選任権・解任権が得られます（108ページ図13）。こうした事態に見舞われないように、自社株は分散させずに経営者がすべてを保有するのが理想的です。最低でも過半数、できれば3分の2以上は保有しておきたいところですが、ベストは100％保有することです。

ただし、自社株を集約させるには、取得資金が必要ですから、事業承継は長い目で対策

図13　保有株式数と会社の経営権・支配権の例

議決権割合	権利	具体例
90%超		特別支配株主の株式等売渡請求
3分の2以上	特別決議の単独可決	定款変更、組織再編など
50%超（過半数）	普通決議の単独可決	取締役の選任権・解任権※、報酬額決定など
3分の1超	特別決議の単独否決	重要課題への拒否権
10%以上		解散請求権
3%以上		株主総会招集請求権、会計帳簿閲覧請求権など

※取締役の解任権は、累積投票により選任された取締役の場合は特別決議となるので例外

する必要があります。

1990年の商法改正まで、会社を設立するとき、発起人が7人以上必要でした。発起人は1株以上の株式を引き受けなければなりません。

ただ、かつては発起人を7人集めるといっても、「名義だけ貸して」と親族や友人に頼むケースが珍しくありませんでした。出資はしていないけれど、発起人に名を連ねていて、株は1株以上持っているという状態です。だから、古い会社の場合は、「名義株主」が存在していることが多いのです。

また、自社株を集約させることも大切なポイントです。そのために、まずは株主名簿を作成するのがおすすめです。

株主名簿をつくる際には、株主を次の4つに分類するといいでしょう。

1　先代グループ＝現会長やその妻
2　後継者グループ＝後継者やその妻、子ども
3　友好的経営陣
4　それ以外のグループ＝会長の弟など

そのうえで、名義株主や敵対的株主がいるかどうかを確認しましょう。

株式を集約させるためには、基本的には株主から株を買い取ることになりますが、ここで頭を抱えることがあります。自分が頑張って業績を上げれば上げるほど、自社株を買い取る負担が巨額になっていくのです。なぜなら、非上場企業の株価は業績などに連動して算出されるからです。

上場企業の株価は市場の需給関係で決まりますが、非上場企業の場合は簡単にいうと、業績が良ければ株価が高く評価されます。経営者が頑張れば頑張るほど自社株の評価が上がり、買い取るために多額の資金が必要になるという大きなジレンマを抱えてしまうのです。

このため、赤字が出て株価が下がったタイミングで買い取るのが常套手段です。ほかには、保険などの大きい商品を購入し、会社の業績を意図的に悪化させる手法が使われることもあります。

自社株も分けにくい財産

自社株を分散させないためには、被相続人が持っていた自社株を、事業承継者がすべて相続することになります。兄弟で分けて相続すると、支配権がらみのトラブルのもとになりかねないからです。自社株も、不動産と同じように、分けにくい財産といえます。

これは、事業承継はスムーズにいっても、財産の相続でもめる火種になるかもしれないということでもあります。たとえば、事業を承継する長男が相続する自社株の評価が1億円だとしましょう。次男が相続する預貯金が1000万円だとしたら、「9000万円も差がある。不公平だ」となるかもしれません。

1億1000万円の財産を等分にすれば、5500万円ずつです。長男は次男に4500万円を銀行から借金して払うか、4500万円分の自社株を渡すしかありません。しかし、自社株を渡すと次男が発言権を持つという問題が発生します。

この場合、「種類株式」を活用する手段があります。種類株式とは、普通株式とは権利の内容が異なる株式のこと。議決権のある普通株式を長男に、議決権制限株式を次男にそれぞれ相続させるという遺言書を父親が作成すれば、兄弟間のもめごとを回避できる可能性が高まります。種類株式にはいろいろな種類があります。詳しくは図14をご覧ください。

図14　種類株式の一覧

目的別		種類	内容
①	優先	余剰金配当優先株式	他の種類株式に比して有利な条件で配当を受ける権利がある株式
②	優先	残余財産分配優先株式	他の種類株式に比して有利な条件で会社清算時に分配を受ける条件がある株式
③	制限	議決権制限株式	株主総会の全部、または一部について議決権を行使できない株式
④	制限	譲渡制限株式	株式を譲渡する際、取締役会または株主総会の承認を必要とする株式
⑤	取得	取得請求権付株式	株主が所有している株式について、発行会社に取得を請求できる株式
⑥	取得	取得条項付株式	発行会社が一定の事由が生じたことを条件として、その株式を取得することができる株式
⑦	取得	全部取得条項付株式	発行会社が株主総会の特別決議によりその全部の株式を取得することができる株式
⑧	支配	拒否権付株式（黄金株）	株主総会または取締役会において決議すべき事項を、拒否権付種類株主総会において拒否権により承認しないことができる株式
⑨	支配	取締役・監査役選任権付株式	譲渡制限会社で、委員会設置会社でない会社において取締役・監査役を選任することができる株式

あるある事例 12

生前に子どもたちと交わした誓約書がまさかの無効！

——法的に有効な生前対策の大切さ

―阿部家／ABC販売株式会社―

父　勇介（76歳没・会長）
長男　大介（55歳・社長）
次男　恭介（53歳）
長女　花子（50歳）

―財産―

計1億円
（自社株や事業用不動産など）

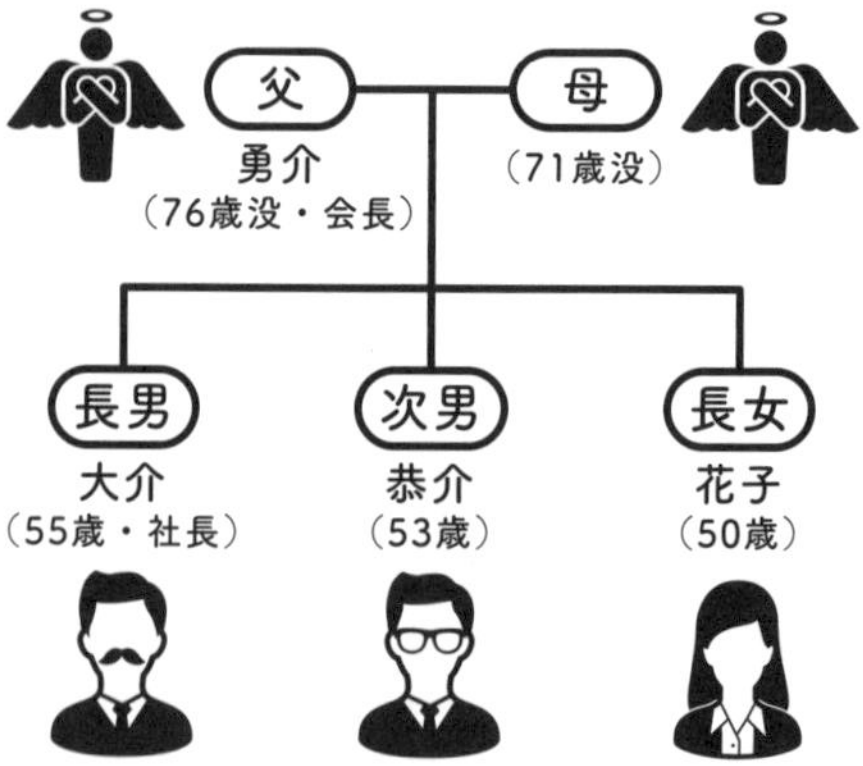

勇介は、農機具の販売を手がけるＡＢＣ販売の創業者。自分は会長に退き、後継者である長男の大介に社長の座を譲っていました。

勇介は、次男の恭介と長女の花子が結婚して家を出るとき、それぞれ１０００万円を生前贈与しました。会社は大介に継がせる代わりに、次男と長女にはお金を残してあげようというわけです。

「俺が死んだら、大介が会社を継いでくれるけど、経営は大変なんだぞ。自社株だとか不動産の資産価値はあるかもしれないけど、会社の借り入れの保証人にもならなきゃならない。お前たちには、今のうちに１０００万円を渡すから、相続のときに、大介に財産を求めるなよ」

「わかったよ」

恭介も花子も納得した様子でした。勇介は２人から「１０００万円を受け取りました。これで相続の際には何も主張しません」という誓約書を受け取り、自宅の金庫に保管しました。このことは、大介にも知らせました。

「これで自社株や不動産が大介のものになるな。よかった、よかった」

2人に1000万円を渡して誓約書を書かせることは、勇介の渾身の相続対策でした。

数年後、勇介が亡くなり、遺産分割の話し合いが始まりました。すると、恭介と花子が「どんな財産があるか知りたいから、財産目録をつくってほしい」と言い出したのです。作成したところ、勇介が残した財産は、自社株と事業用不動産などを合わせて1億円だということがわかり、恭介と花子の目の色が変わりました。

「あんな誓約書は紙切れだ！」

2人はそう主張し始めたのです。生前に受け取った1000万円が特別受益として考慮されるとしても、恭介と花子は約3000万円の取り分があります。これだけのお金が手に入るとなれば、兄弟仲が悪くなったとしても、自分の取り分はしっかり主張したほうがいい、1億円も大介が総取りするのはズルいとなったのでしょう。彼らは「均等に分けるべきだ」と主張して譲りませんでした。

大介にも割り切れない思いがありました。大介が社長に就任したのは10年前ですが、以来、業績を順調に伸ばしてきました。企業価値が高まった分だけ自社株の評価額も上がっていましたが、大介に遺された1億円の財産は、大介の頑張りによるところも大きいのです。「俺は今まで、何のために頑張ったんだ？　弟や妹にお金を渡すためだったのか？」と、大介の不満は募りました。

兄弟3人での遺産分割の話し合いはまとまらず、双方が弁護士を立てて裁判で争うことになりました。

実は、花子の息子はABC販売で働いていました。息子が失業していたとき、社長である大介が「よかったら、うちで働けよ」と引き取り、手塩にかけて育ててきたのです。大介は一族の繁栄を願って花子の息子を雇ったのに、兄弟間で弁護士を立てて、骨肉の争いをすることになってしまいました。

大介は、相続について総合的に相談に乗ってもらっていた司法書士に、次のようにつぶやきました。

「俺、死んだ親父に対して恥ずかしいよ。まさか、こんなことになると思わなかったな……」

最終的には、大介が恭介と花子にそれぞれ1000万円を払うことで調停が成立しました。

解説

生前対策は、法律の専門家に相談を

「次男と長女に1000万円を生前贈与して、誓約書を書いてもらう」――勇介としては、これで相続対策は完璧だと思っていたのでしょう。しかし、もしも勇介が士業などの専門家に相談していたら、遺言を柱にしたまったく違ったスキームになっていたはずです。

勇介が子どもたちから受け取った誓約書は、法的にいえば「1000万円の生前贈与を受けた」という証拠にしかなりません。そもそも、被相続人が生きているうちに相続人が相続を放棄するという制度自体が存在しないのです。

1億円の遺産があるので、相続人3人だと取り分は約3300万円ずつ。2人は1000万円を先渡しされていたと捉えると、計1億2000万円を3人で山分けして1人4000万円。2人は生前贈与の1000万円を差し引いても3000万円ずつ請求できるというわけです。

この事例でも、遺言があればまるで違う相続になりました。遺留分だけ2人に残せばすんだはずです。遺留分なら、法定相続分の半分なので各2000万円。すでに特別受益分の1000万円を手にしているので、残りは1000万円。遺言の作成に加えて、1000万円ずつの遺留分に対応できるように生命保険をかけておくという手もありました。

また、遺留分の生前放棄という制度があります。家庭裁判所の許可を得れば、遺留分を放棄できます。遺言書の作成と遺留分の生前放棄を組み合わせることもできたはずです。

ほか、「遺留分に関する民法特例」という制度もあります。活用件数は極めて限定的ですが、この制度を活用すれば、後継者が法人代表になった時点での法人評価額で遺留分の算定額を固定することが可能になります。

少なくとも、遺言は残してほしかったところです。

第3章

田舎相続のリアル

まだある！編

本章では、1～2章で紹介した以外の
田舎相続でよく見られるケースを
取り上げて解説していきましょう。

あるある事例 13

まさか長男が先に亡くなるなんて！

——親より先に子どもが亡くなることを想定する

ー荒井家ー

父　崇（80歳没）

母　聖子（70歳）

長男　久（41歳没）

長男の妻　眞須美（40歳）

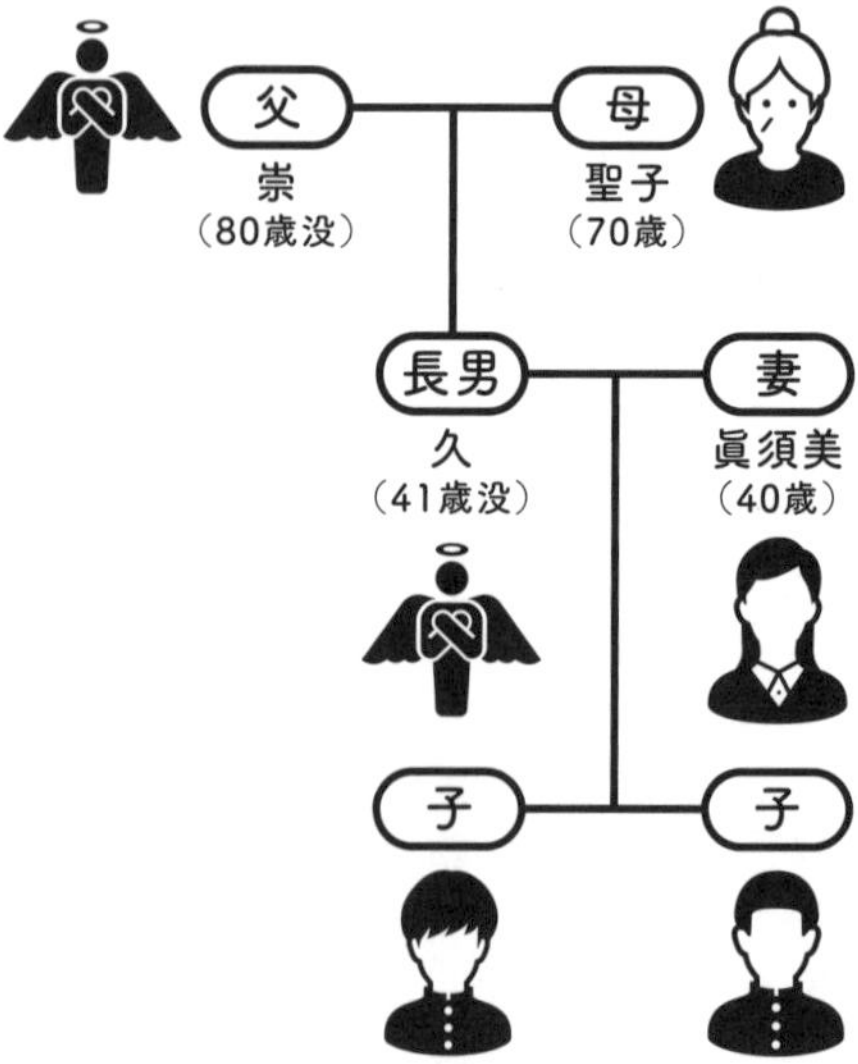

荒井家には崇と聖子の夫婦、そして一人っ子の久、妻の眞須美、その子どもが2人住んでいます。崇が80歳で亡くなると、聖子は「どうせいずれ久に相続させるんだし、何度も相続手続きを取るのは面倒くさいし、費用もかかるから」と、自分を飛ばしてすべての財産を長男の久に相続させることにしました。久も「何かあったら母さんの面倒を見るよ」と言ってくれていたので、聖子は安心していました。

実家の名義は久になりましたが、聖子はそのまま同居。また、遺族年金もあるので、生活に困ることはありませんでした。

ところがその2年後、久は進行性のすい臓がんを患い、あっという間に亡くなってしまいました。聖子は、まさか息子の久が先に死ぬとは想定していなかったのですが、「久が死んだら崇が相続した家は、自分に戻ってくるだろう」と、何となく思っていました。しかし、そうはならなかったのです。法定相続分は、妻の眞須美が2分の1、久と眞須美の子どもが2分の1。聖子は法定相続人ではありませんから、崇の遺した家が自分に戻ってくるどころか、1円も相続できないのです。

それでも、聖子は今まで通り自宅で暮らせると思っていたのですが、しばらくすると、久の妻の眞須美から驚くべきことを言われました。

「お母さん、この家に住むなら家賃を払ってください」
「えっ！　ど、どういうこと？」
「ここは私が久さんから相続した家です。久さんが亡くなって収入が激減したのに、子どもたちの学費がかかるから大変なんです。だから、いくらか家賃を入れてください」

聖子は嫁姑関係が悪くはないと思っていましたが、眞須美にはいろいろ思うところがあったのかもしれません。

その後、両者で話し合って今のところ聖子は家賃を支払わずにすんでいますが、よそよそしい関係が続いています。

解説

息子が先に亡くなる可能性を排除してはいけない

父親が亡くなったときに、「どうせ長男に継がせるんだから」と、母親を飛ばして全財産を長男に相続させてしまうケースがたまにあります。これは、長男が一家の財産を相続して、母親の面倒を見ることが前提の相続です。長男が母親よりも先に亡くなる可能性を完全に排除して考えてしまっているのですね。

しかし、一度、母親を飛ばして長男に相続させた財産は、長男が亡くなったからといって母親に戻ってくるわけではありません。長男に配偶者や子どもがいれば、母親は財産を1円も相続できずに老後を送ることになってしまいます。長男に子どもがいなくても、母親の法定相続分は3分の1にすぎません。

長男の妻が義理の母親のことを献身的に面倒を見てくれれば問題ありませんが、そうとは限りません。むしろこの事例のように、そうでないケースのほうが多いかもしれません。

もしも父親が亡くなったときは、その配偶者である母親は、子どもへの相続だけでなく自分自身の将来の生活を優先して考えるべきなのです。いったん母親に相続させると、母親が亡くなったときに、長男に名義を変える費用として数十万円がかかります。これを嫌がる人は多いのですが、この数十万円を惜しんだばかりに、あとあと後悔する羽目になることがあるのです。

あるある事例 14

叔母に1500万円を払う姪の目に涙

——自分の権利はしっかり主張しておく

一喜多川家一

母　ひとみ（88歳没）
長女　あみ（59歳）
次女　ゆみ（57歳）
長男　明夫（50歳没）
長男の妻　住子（54歳）
長男の娘　真凛（26歳）

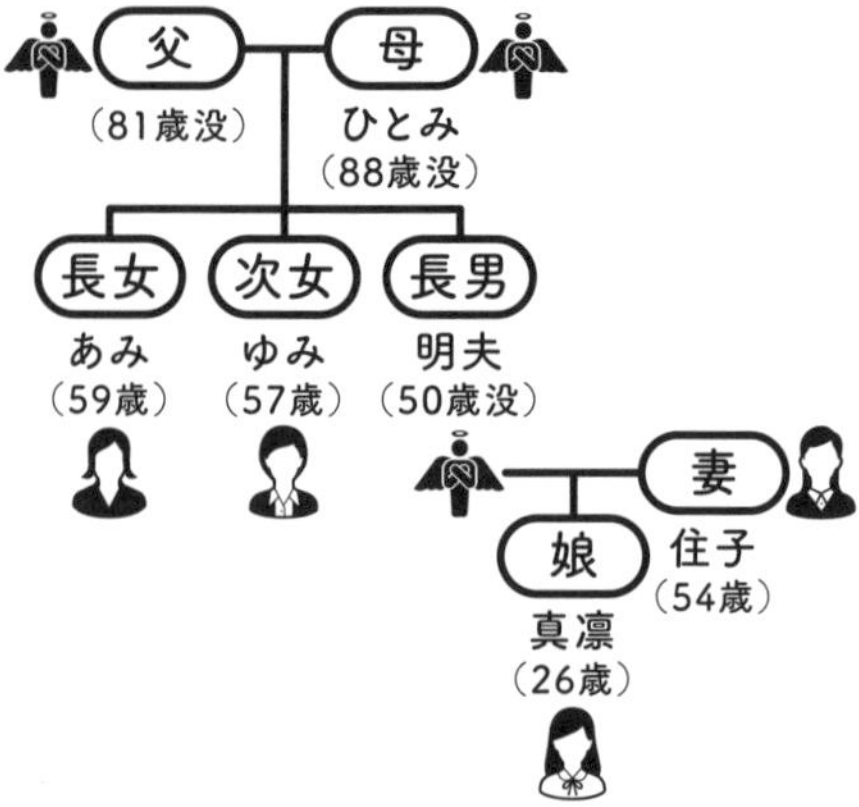

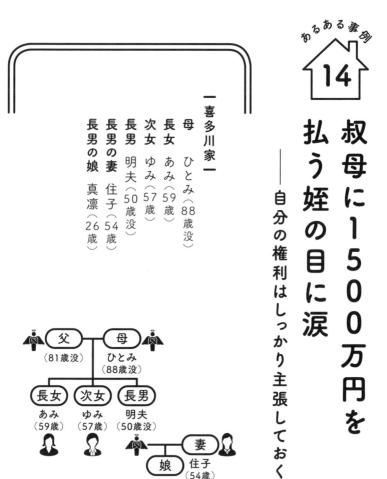

喜多川家には、かつては父と母、その長男一家が住んでいました。しかし父が亡くなり、息子（長男）の明夫が若くして亡くなり、今住んでいるのは母のひとみと亡くなった明夫の妻である住子、その娘の真凛です。長女のあみと次女のゆみは独身で、近所に住んでいました。実家の土地は母のひとみ名義でしたが、建物は明夫名義でした。明夫は5年前に50歳の若さで急死し、明夫名義だった建物は、妻の住子が相続しました。

そんななかで、母のひとみが亡くなりました。住子は、土地はひとみ名義だと知っていましたが、てっきりこのまま住めると考えていました。ひとみの子どもであるあみとゆみ、それに真凛が法定相続人だとわかっていましたが、住子は遺産分割協議で特に財産を要求せず、ひとみ名義の土地も財産も、あみとゆみが相続することになりました。

ところが、住子のもとにある日、義理の姉2人から内容証明郵便が届きました。不審に思いながら開けてみると、「地代を払ってほしい」とのこと。義理の姉たちの言い分は、「私たちの土地の上に勝手に家を建てて住んでいるのだから、当たり前でしょう？」「先祖代々受け継がれてきた私たちの土地で、赤の他人がなぜ、のうのうと暮らしているの？」――住子からすれば、とんでもない言いがかりです。双方、弁護士を入れてもめにもめました。

結局、住子の長女の真凛が安定した収入を見込める看護師だったため、１５００万円を銀行から借り入れて、土地を義理の姉たちから買い取りました。1500万円を支払う当日のことです。あみとゆみの弁護士と、住子の弁護士立ち会いのもと、銀行に融資を実行してもらいました。そのとき、真凛の目から大粒の涙がこぼれ落ちました。

解説

権利はきちんと主張すべき

母のひとみが亡くなれば、明夫の妻の住子は相続人ではありませんが、住子の子どもは立派な相続人です。相続人として遺産分割協議のときに、自宅が建っている部分の土地の権利だけでも主張したほうがよかったでしょう。せめてそれだけでも子どもが相続しておけば、こうしたトラブルは避けられたはずです。

この事例で住子と真凛の母娘は、できたはずの主張をしなかったがゆえに、1500万円を支払う羽目になってしまいました。いくら安定した収入がある看護師とはいえ、26歳という若さで1500万円の借金を背負うことになったのは、気の毒です。

あるある事例 15

叔父の借金を姪が返済しなければならない!?

——姪や甥が相続人になることもある

—相川家—

父 一太郎（71歳没）
長女 幸子（47歳）
叔父 二郎（70歳没）

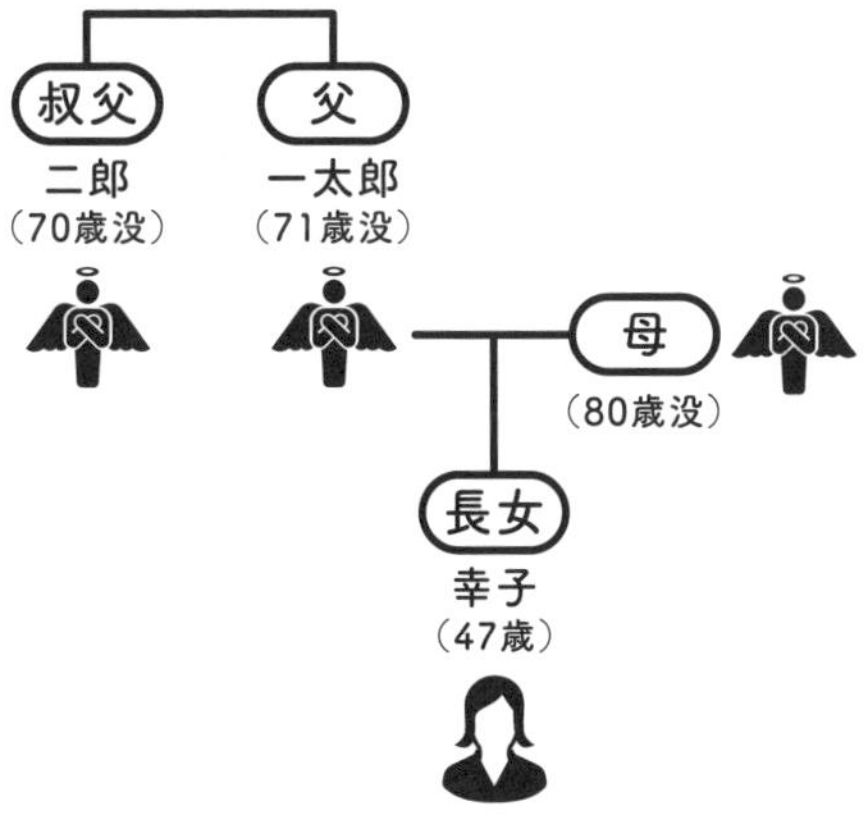

ある日、幸子のもとに1通の封筒が送られてきました。封を開けると、それは秩父クレジットという会社からの借金返済の督促状でした。「死んだ叔父の二郎に対する貸付金（元金と利息合わせて1000万円）を、相続人である幸子が返済しろ」という趣旨のことが書かれていて、幸子は一瞬ぎょっとしましたが、すぐに疑念が浮かびました。

「これ、振り込め詐欺じゃないかしら？」

督促状に書かれている電話番号は、詐欺師の番号に違いないと考えた幸子は、すぐにインターネットで「秩父クレジット」と検索。すると企業ホームページがヒットしました。どうやら架空の企業ではなさそうです。その電話番号を確認してみると、督促状のものと一致しました。

「振り込め詐欺ではなさそうね」と、幸子は秩父クレジットに電話してみました。

「どうして叔父の借金を私が払わなきゃならないの？　知りませんよ、そんなの」

しかし、秩父クレジットの説明は、次のようなものでした。

亡くなった叔父の二郎の妻はすでに亡くなっており、子どももいませんでした。両親もすでに他界しています。二郎の兄であり、幸子の父である一太郎も他界しています。そうなると、二郎の兄の一太郎の子どもである幸子に、代襲相続が発生するというのです。

つまり、幸子は二郎の法定相続人なのです。秩父クレジットの主張は間違ってはいなかったのです。

幸子は相続放棄を考えました。その旨を秩父クレジットに伝えると、「相続放棄はできませんよ。二郎さんが死んでから3か月以上経っているんですから」と、冷ややかな対応です。たしかに、相続放棄には「相続人が自己のために相続の開始があったことを知ったときから3か月以内に家庭裁判所に申立てをする」というルールがあります。秩父クレジットは、そのことを見越してわざわざ3か月経ってから、督促状を送ったのかもしれません。

このままでは、二郎に代わって1000万円を返済しなければならない――。途方に暮れた幸子は司法書士に相談しました。すると司法書士は、次のような判例を教えてくれました。

「遺産の中に相続人が知らなかった多額の借金が発見された場合、そのことを請求などで知ったときから3か月を熟考期間とする」

そこで幸子は、問題の督促状が届いてから3か月以内のうちに、家庭裁判所に相続放棄を申し立てました。幸いにして認められ、幸子は1000万円を返済せずにすんだのです。

解説

相続人になることを想定して、親族関係を整理する

今、本書を読んでいるあなたには、叔父や叔母と接する機会がありますか？　きっと、子どものころには頻繁に会っていても、年を重ねて疎遠になっている人も多いでしょう。叔父や叔母の財産を相続するといっても、ピンと来ない人が大半だと思います。しかし、甥や姪が叔父や叔母の財産を相続するケースは、それほど珍しくはありません。少子化や未婚化の進行にともなって、これから増えると予想されます。

相続対策というと、自分が被相続人になったときに誰に財産を残すかをイメージしがちですが、それだけでは十分ではありません。自分が相続人になるかもしれない親族関係も

整理しておいたほうがいいのです。

叔父や叔母のプラスの財産が転がり込んできたらまさに「棚ぼた」ですが、この事例のように、期せずして借金というマイナスの財産を相続する可能性もあります。

もしも幸子が親族関係を整理しておけば、「借金を抱えている叔父がいる」と把握して、今回の事態を予見できたかもしれません。そうすれば、法律の規定通り、叔父が亡くなったことを知って3か月以内に相続を放棄できたでしょう。

この事例のように、「借金の存在を知ってから3か月以内」という例外的な相続放棄が裁判所で認められるとは限りません。また、相続の対象になる親族の範囲は意外と広いことにも注意していただきたいと思います（詳しくは31ページの図6参照）。

あるある事例 16

「私は息子です」と、見ず知らずの人が遺留分を請求

——意外と多い隠し子騒動

―剛田家―

夫 捨男（60歳没）

妻 空子（56歳）

長男 陽太（26歳）

前妻 怨子（60歳）

前妻の子 陰男（38歳）

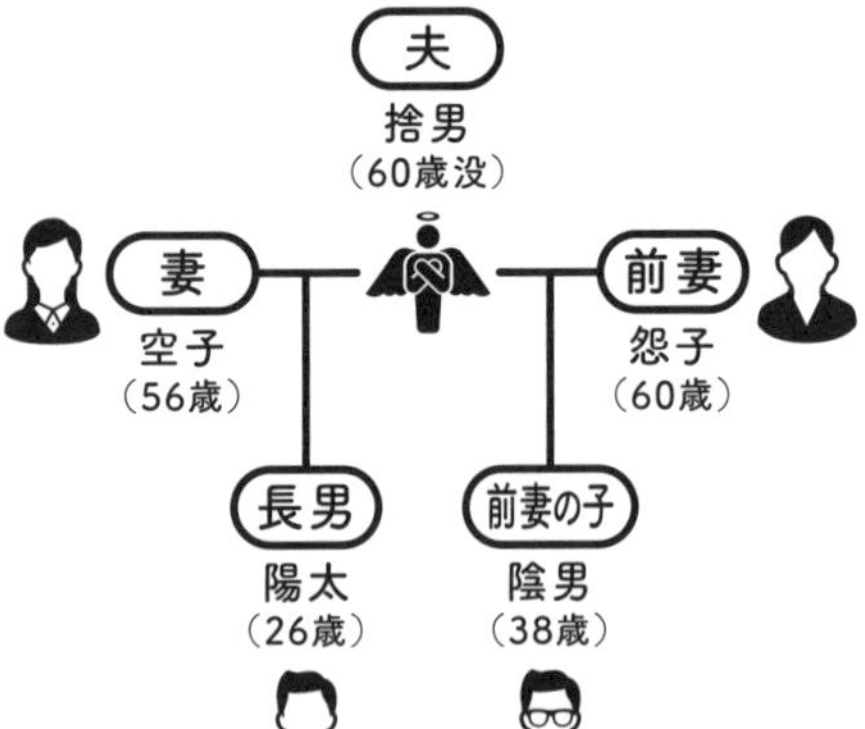

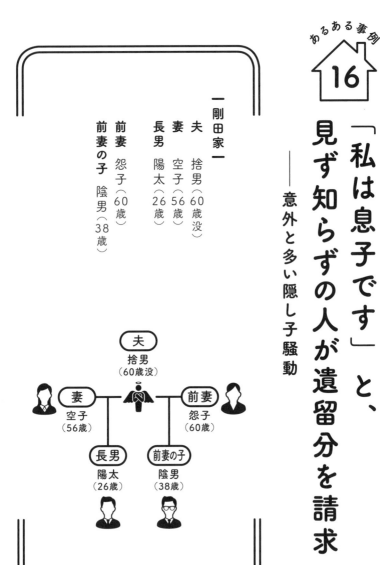

「妻の空子に全財産を相続させる」――捨男は、このような内容の公正証書遺言を残して亡くなりました。この遺言にのっとって、すみやかに相続の手続きが進められ、何も問題は起こらないかと思われましたが、しばらくすると、40代と見られる男が訪ねてきて、こう言ったのです。

「父に線香をあげたいのですが」

空子と陽太は混乱してその男を追い返しましたが、翌日になると、空子は、相続の手続きを頼んだ司法書士の事務所を訪れました。戸籍の調査を依頼するためです。

司法書士による調査結果は驚くべきものでした。空子は後妻で、その前に怨子という女性と結婚していたこと、しかも、前妻の怨子との間に陰男という子どもがいたことが発覚したのです。訪ねてきた男は、陰男に違いありません。

空子は、捨男に結婚歴があるなんてまったく知りませんでした。どうやら捨男は大学在学中に怨子と入籍し、卒業直後に陰男ができたようでした。空子はショックを受けて寝込んでしまいました。

ところが、しばらくして再び陰男が訪ねてきました。

「あなたのことは知りませんでしたし、すべて私が相続しているんです。帰ってくださ
い!」

空子は陰男を追い返しましたが、数日後、内容証明郵便が空子のもとに届きました。

「私は、亡捨男の全財産の8分の1の遺留分を有しています。よって貴殿に対し、本書面をもって遺留分侵害額請求をいたします」

つまり、「遺留分を渡せ」という請求です。空子は「冗談じゃないわよ」と無視しました。それでも結局、空子は陰男から訴訟を起こされて、遺留分を渡すことになったのです。

解説

前妻との子どもにも配慮した遺言を

「まさかうちの旦那に限って」――そう思っているあなたにも、こうした事態が起こるか

もしれません。私は年間100件以上の相続に関わっていますが、この事例のようなことが時々あり、2年に1件くらいは、「相続人の誰も知らない血のつながった兄弟が出てきた」というケースに直面します。

この事例では、公正証書遺言がありましたから、遺留分である8分の1を請求されるだけですみました。遺言書がなければ、法定相続分である4分の1を渡さなければならなかった可能性が高かったでしょう。

突然、前妻の子どもが登場して、空子がかわいそうだと思うかもしれません。しかし、空子が怨子や陰男の存在にまったく気づいていなかったということは、捨男は養育費をきちんと支払っていなかった可能性があります。前妻とその子どもは離婚後、苦労したのかもしれません。

そもそも、陰男には法的に保障された遺留分があるのですから、遺産相続を主張するのは当たり前で、相続の際に1円ももらえないとなれば、争いになるのは当然だと思ったほうがいいでしょう。捨男は遺言で、前妻との子どもの存在に触れて、遺留分に配慮した財産分与をすべきだったといえます。

「死後認知」というどんでん返し

実は、遺言で子どもを認知するという裏ワザがあります。これは「死後認知」と呼ばれるものです。たとえば次のようなケースがあります。

Aさんは生前、妻と子どもたちに「俺の愛する家族はお前たちだけだぞ」とたびたび言っていました。そして妻と子どもたちもAさんのことを愛しており、Aさんは最期を看取ってもらったのです。

しかし実は、Aさんには、愛人との間に子どもがいました。Aさんは愛人には、「今は立場もあるから認知できないけど、ちゃんと財産を残すようにしておくから安心してほしい」と伝えていました。Aさんはその言葉どおり、遺言の中で愛人の子どもを認知しました。死後であれ認知が認められれば、愛人の子どもも法定相続人になります。残された家族にとっては寝耳に水で裏切られたと感じるかもしれませんが、愛人の子どもは実の父親から認知されなければ、何も相続できません。死後認知は、婚外子の保護を目的とした制度であり、婚外子にとっては最後の救いという意味合いがあるのです。

コラム

入籍するのが最大の相続対策⁉

私のところに、建設会社の会長の奥さんが任意後見と家族信託の相談にお見えになったことがあります。家族信託については153ページでお話しますが、奥さんは、会長の物忘れがひどくなってきたことが心配になったようでした。会長は韓国籍だったので、まずは韓国から戸籍を取り寄せてみたのですが、なんと2人は籍を入れていませんでした。てっきり籍を入れていると思っていた奥さんは仰天です。

韓国籍の人と日本人との結婚は、手続きが少しややこしかったのか、会長は面倒くさくなって入籍していなかったようです。事実婚状態が続いていました。私は、「今、何が最大の相続対策かといったら、急いで婚姻届を出すことですよ」とアドバイスしました。内縁の妻では法的に相続人ではないからです。会長が元気なうちに気づくことができたのが、不幸中の幸いだったといえるでしょう。

あるある事例 17

すべての預貯金を解約して生命保険に加入!?

——悪徳営業マンには要注意

—持田家—

母 鶴子(85歳)

長男 亀男(56歳)

次男 熊男(53歳)

保険営業マン 銭本

—財産—

預貯金 2000万円

保険商品 1000万円

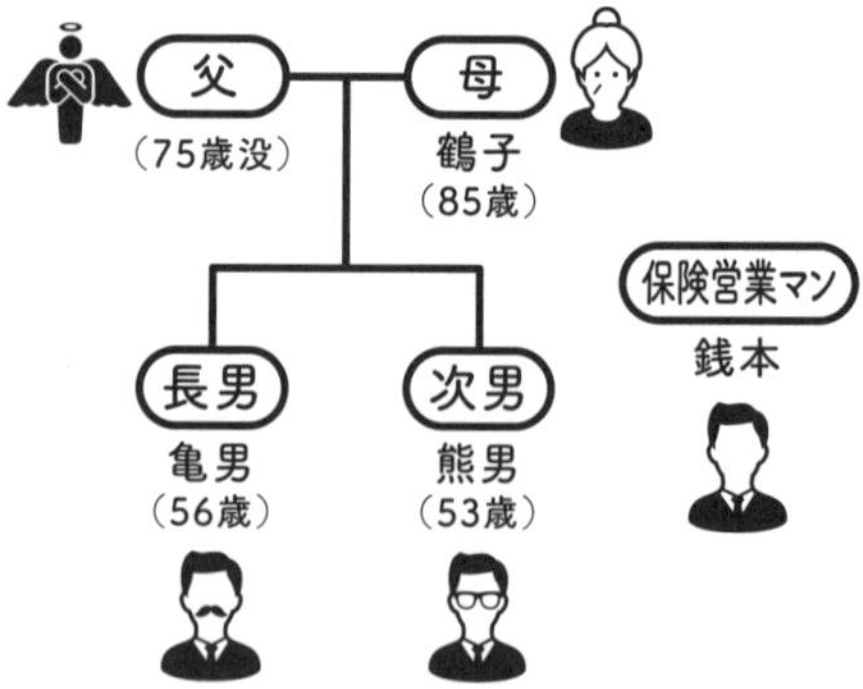

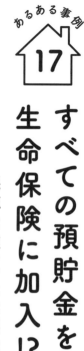

85歳の鶴子は、300坪の広大な敷地にある兜造りの立派なお屋敷で一人暮らしをしています。鶴子の夫は10年前に他界。子どもたちは家を出て、長男の亀男は東京、次男の熊男は駐在先の中国・上海で暮らしていました。

見るからに立派なお屋敷には、訪問販売系の営業マンが次から次へと訪れます。彼らがこぞって、布団から貴金属の買い取り、リフォーム、保険に至るまで、さまざまな商品をアピールするのがもはや日常の光景でした。

そんなある日、生命保険の営業マンの銭本がやってきました。鶴子さんは「私は保険には入らないわよ」と断っていましたが、銭本は毎日のように足しげく通っては、庭の草むしりをしたり、切れた電球を取り替えたりしてくれました。ときには1時間くらい話し相手にもなってくれたり、「クルマがないと不便ですよね。買い物のお手伝いをしますよ」とスーパーへの送り迎えをしてくれたこともありました。

鶴子は、銭本が孫のように思えてきました。

「息子たちは全然帰ってこないけど、すぐに来てくれる銭本さんのほうが頼りになるわ」

いつしか鶴子は、銭本が来るのを心待ちにするようになりました。しばらくして、銭本は次のように鶴子に話しました。

「お金を銀行に入れていても、金利なんて雀の涙でしょう。生命保険にしたほうがずっとお得だと思うな。相続対策にもなりますしね」

鶴子は2000万円の定期預金のほかに、保険商品にも加入していました。銭本は、それらをすべて解約して、自分が提案する保険商品に1本化したほうがいいと主張します。総額は3000万円にのぼりますが、銭本を信頼しきっていた鶴子は「あなたが言うならそうなんだろうね。それじゃ、その保険に入るわ」と承諾しました。

生命保険協会の「高齢者向けの生命保険サービスに関するガイドライン」によると、高齢者が保険を契約する際、親族らが同席するのが原則とされています。銭本からそう説明を受けた鶴子は、長男の亀男に電話をかけて頼みました。

「保険に入るから、あんた、立ち会ってよ」

「は？　どういうこと？」

「銀行に預けるより、保険に入ったほうが得なんだって」

「おふくろ、大丈夫かよ。だまされてんじゃない？」

「営業の銭本さん、とても親切よ。あんたよりよっぽど頼りになるんだから」

不審に思った亀男は急遽帰省して、鶴子と一緒に銭本からの説明を受けることにしました。

銭本は「途中で引き出すこともできますよ」などと、口なめらかに保険商品のメリットを説明しますが、亀男の顔はみるみるうちに硬直していきました。まさか不動産以外の全財産3000万円を生命保険1商品に突っ込むとは思っていなかったからです。

「あのさ、あんた、やりすぎだろ。おふくろにどうやって取り入ったか知らないけど、高齢者をだますのもたいがいにしろよ！」

亀男は激怒して銭本を追い返しました。亀男の剣幕に鶴子もようやく我に返って事の重大さを悟ったのか、しょんぼりしてしまいました。そんな鶴子を見て、亀男は反省して言いました。

「あのさ。俺、もうちょっと帰省するようにするよ」

解説

生命保険は原則として相続財産に含まれない

銭本は「生命保険を相続対策に活用できる」と鶴子に言いましたが、これはウソではありません。というのも、生命保険は、亡くなった人の遺産ではなく、受取人固有の財産と見なされるからです。ということは、生命保険は原則として遺産分割対象ではありません。相続財産ではないので、相続人が相続を放棄しても受け取ることができるのです。つまり、被相続人が特定の人にスピーディーに財産を渡して、スピーディーに現金化させたいときに、生命保険は大いに役立ちます。

ただし、巨額の生命保険がかけられていたとすると、受取人以外の相続人からすれば、たまったものではありません。相続人の間であまりにも不公平があると、生命保険の受取金は特別受益と見なされて、相続財産に巻き戻して遺留分を計算するという最高裁判例があります。たとえば、生命保険の受取金が1億円で、遺産は1000万円しかないといった極端なケースだと、裁判所はそうした判断を下す可能性が高いため、注意が必要です。

残す側のライフプランを想定する

生命保険で特定の人に財産を渡せるといっても、財産を残す側の本人がどれだけ長生きするかはわかりません。それなのに、健康なうちにまとまった財産を生命保険に移してしまうのは、相当な覚悟を要することです。自分の残りの人生を考えると、ある程度は自分の手元にキャッシュを残しておきたいところです。

とりわけこの事例でいえば、営業マンの銭本が鶴子さんのライフスタイルや価値観、相続のことまで考えて提案しているかは怪しいものです。自分の営業成績を上げるための提案なのか、それとも顧客のことを考えての提案なのか？　それを見極めるのは難しいと思います。

それでも、長男の亀男が「母のことをよく考えてこの商品を提案してくれた」と思えるなら、加入すればいいと思います。そうでなければ、さすがにキャッシュをすべてひとつの生命保険商品に投じるのはリスクが大きすぎます。

また、生命保険は、相続「税」対策にも有効です。実は、生命保険の受取金は、法定相続人1人あたり500万円まで非課税です。相続人が3人いたら、1500万円まで非課税になるわけです。

なかには、1億円くらいの預貯金を持っていて、相続税を課されるくらいの資産があるにもかかわらず、生命保険に入っていない人がいますが、これは非常にもったいない話です。相続税がかかるくらい財産がある人は、生命保険の活用も検討してみていただきたいと思います。

遺留分侵害額の請求を抑える裏ワザ

生命保険には裏ワザともいえる使い方があります。それは、遺留分侵害額請求の額を抑えるための手段です。

たとえば、父親がいて、法定相続人がAとBの子ども2人だとしましょう。父親が1億円を持っていて、「Aに全財産を相続させる」という遺言を書くと、Bの遺留分は4分の1の2500万円です。

これに対し、1億円のうち4000万円分を、Aを受取人とする生命保険に加入します。すると、遺産額が6000万円になります。「全財産をAに相続させます」という遺言が変わらずあるとして、生命保険の4000万円は遺産ではなくなります。

これによって分母が変わり、6000万の4分の1の1500万円が遺留分になります。遺産が1億円の場合と比べて、遺留分が1000万円も少なくなるのです。

Ａになるべく多く残したいのであれば、Ａに全財産を相続させるという遺言を書きながら、生命保険も活用すると、遺留分の額を下げられるのです。

セカンドオピニオンを求める

保険営業マンの銭本に限らず、銀行から不動産会社、アパート建築会社、税理士、そして私のような司法書士や行政書士まで、「相続の専門家」をうたう人はたくさんいます。もちろん、顧客にメリットのある提案をするプロもいますが、一部には顧客の利益を度外視して自分だけ儲けようとする人もいますから、惑わされないようにしましょう。

生命保険やアパート建設は、合理的な相続対策です。私自身も、生命保険の活用をおすすめすることがあります。しかし、１００家族の相続があれば、１００通りの課題があり、１００通りの解決策があります。一つひとつのケースについてベストな対策を考えなければなりません。

自分の選択に不安があるなら、セカンドオピニオンを求めるといいでしょう。たとえば、保険加入に迷いがあるなら、他の保険会社に相談しても、別の保険商品をすすめられるだけです。他分野のプロにセカンドオピニオンを求めれば、思わぬ解決策が見つかるかもしれません。

あるある事例 18

「俺だけもらえないよ」と、兄弟姉妹合意で遺言を破棄

——相続人全員が同意すれば遺言を破棄できる

―八島家―

母　ヨネ（89歳没）
長女　梅子（65歳）
次女　桜子（63歳）
三女　杉子（61歳）
長男　等（60歳）

―財産―

預貯金　2000万円

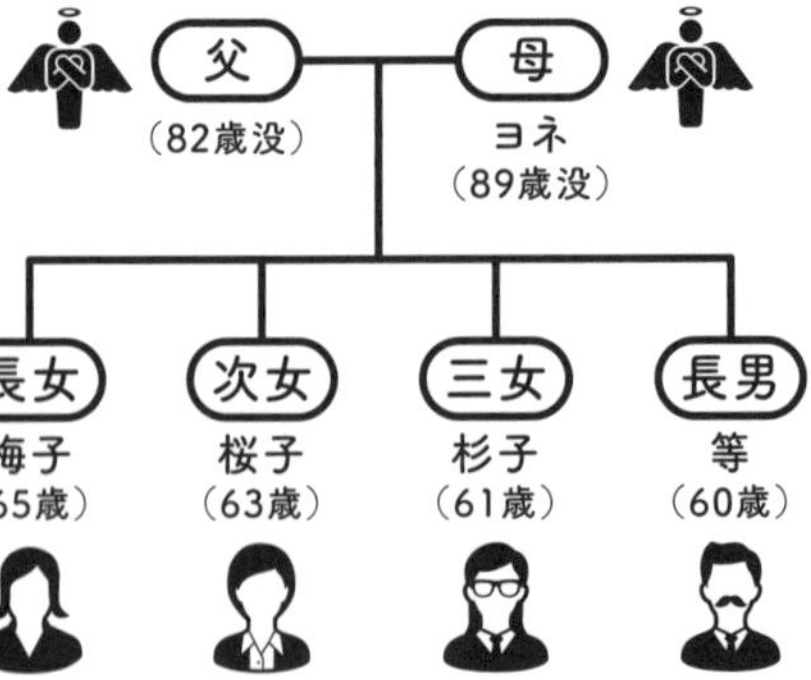

夫を亡くしたヨネは田舎の自宅で一人暮らししていましたが、85歳になってさすがに戸建てでの一人暮らしが大変になってきました。そこで、ヨネの子どもたち４人で相談したところ、自宅を売却してヨネを高齢者住宅に入居させることに。兄弟姉妹４人は全員、都会に出てそれぞれ家庭を持っています。

ヨネが89歳で亡くなると、遺言を残していることがわかりました。そこには「一切の財産を長男の等に相続させる」と記されていたのです。ヨネが残した財産は預貯金２０００万円でした。等は妻に相談しました。

「俺だけ全部もらうわけにもいかないよな。俺が２０００万円全部もらったら、兄弟仲、悪くなるよな。もう子どもも独立しているし、山分けでいいよな」

等は大手企業に勤めているので、お金には困っていません。

「そうね。兄弟みんなで分けたほうがいいわよ。１人５００万円でいいんじゃないの？」

と、妻も同意。葬儀のあと、兄弟姉妹４人が集まって、相続について話し合うことにしました。

「遺言書だと、俺が全部相続することになっているんだけど、みんなで分けないか？」
等がこのように切り出し、結局、兄弟4人合意のもと、遺言書を破棄して500万円ずつ相続することになったのです。

解説　相続人全員が合意すれば、遺言書を破棄できる

この事例のように、相続人全員が合意すれば、遺言書を破棄することができます。特に裁判所での手続きなどは必要ありません。相続人全員合意のもと、遺産分割協議書をまとめればいいのです。

実際、次のような事例があります。土地をいくつか持っている地主が亡くなり、次男がその中のひとつの土地に家を建てたいと考えていました。それは長男としても大歓迎で、兄弟の間で「いいよ、そこに家、建てたらいいよ」という話になっていたのですが、遺言

書には「長男にすべての土地を相続させる」と書かれているではありませんか。

長男がいったん相続してしまうと、そこから次男に売買や贈与で権利を移さなければなりませんし、そのためにはコストがかかります。さらにそれが農地であれば、農地法の問題で権利を移すのは難しいでしょう。こうした場合、長男と次男が合意して遺言を破棄し、2人で遺産分割協議を進めることがあるのです。

実際に私のところにも、「兄弟姉妹が相続した土地を自分に移したい」という相談がよくありますが、簡単に移せるわけではありません。私は相続発生時に、「将来的に、兄弟姉妹のどなたかが遺された土地に、マイホームを建てるなどの予定はありますか?」と確認します。すると「そういえば、そんなことを死んだ親父と話した」と記憶が呼び起こされることもあります。このような場合は相続時に、その土地を活用する予定のある相続人に土地を相続させておくほうがスムーズです。

それでも遺言はあったほうがいい

それでは、こうしたケースの場合、遺言を書いた人は余計なことをしたのでしょうか?

――必ずしもそうとはいえません。遺言があるから長男が主導権を握って相続の話ができるという側面があるからです。

もし、遺言がなかったら、次男はもっと欲張って「半分土地をよこせ」と言ってくるかもしれません。とりあえず「すべての土地を長男に相続させる」という遺言を残したからこそ、兄弟でもめることなく円満な相続になったともいえるでしょう。

終章

田舎相続でもめないポイントを知ろう

それでは、生前にどんな準備をしておけば
円満な相続を実現できるのでしょうか？
具体的なノウハウを紹介していきます。

生前対策でやるべきことは?

生前に子どもたちと、きちんと財産についてコミュニケーションを図っておくことはもちろん大事です。しかし、それだけでは不十分。人は心変わりするからです。ビジネスや日常生活でよくあるように、「言った、言わない」の争いに発展しかねません。

法律的に有効な段取りをしておかないと、財産を残す側も残される側も、そのときそのときで自分に都合のいいように物事を解釈してしまいます。財産を残す側は、年を取って肉体的にも精神的にも弱ってくると、子どもたちに良い顔をしたくなるものです。長男にも長女にも次男にも、来る人来る人に「お前にやるからな」と言ってしまう人もいます。子どもたちみんなが「自分にくれると言っていた」と言い出せば、争族になるのは必至です。

だからこそ、意思がしっかりしているうちに、自分の過去と未来のこと、家族のこれからのことを冷静に考えて整理しておいたほうがいいでしょう。そうしなければ、いずれ自分で判断できなくなるときが訪れます。

自分の意思を整理して、法的に有効な文章にまとめたものが遺言書です。相続対策というと、誰もがまずはこの遺言書を頭に浮かべると思いますが、これは切り札的な相続対策です。私は相続をお手伝いしていて、「遺言書さえあったら……」という場面に数多く出くわしてきました。第3章まででご紹介した「あるある事例」でも、的を射た内容の遺言書があれば、トラブルを避けられたケースが大半です。

ほかにも、生前贈与という手段もあります。被相続人が生きているうちに財産を相続人らに渡してしまうのです。

第3章で触れたように、生命保険も効果的な相続対策です。生命保険の受取金は原則として相続財産に含まれません。自分が渡したい人にスムーズに現金を残す方法として活用することができます。

さらに「家族信託」という手法もあります（154ページ図15）。

家族信託とは、老後や介護が必要になったときに備えて、保有する不動産や預貯金などの管理・処分を信頼できる家族に託すことができる制度です。家族信託は、委託者・受託者・受益者の3者の間で行われます。委託者は、財産管理をお願いする人。受託者は、財産管理を任される人。受益者は、財産の利益を得る人です。通常は委託者と受益者がイコールですが、複数の家族を受益者に設定することもできます。家族信託は主に認知症対

図15　家族信託とは？

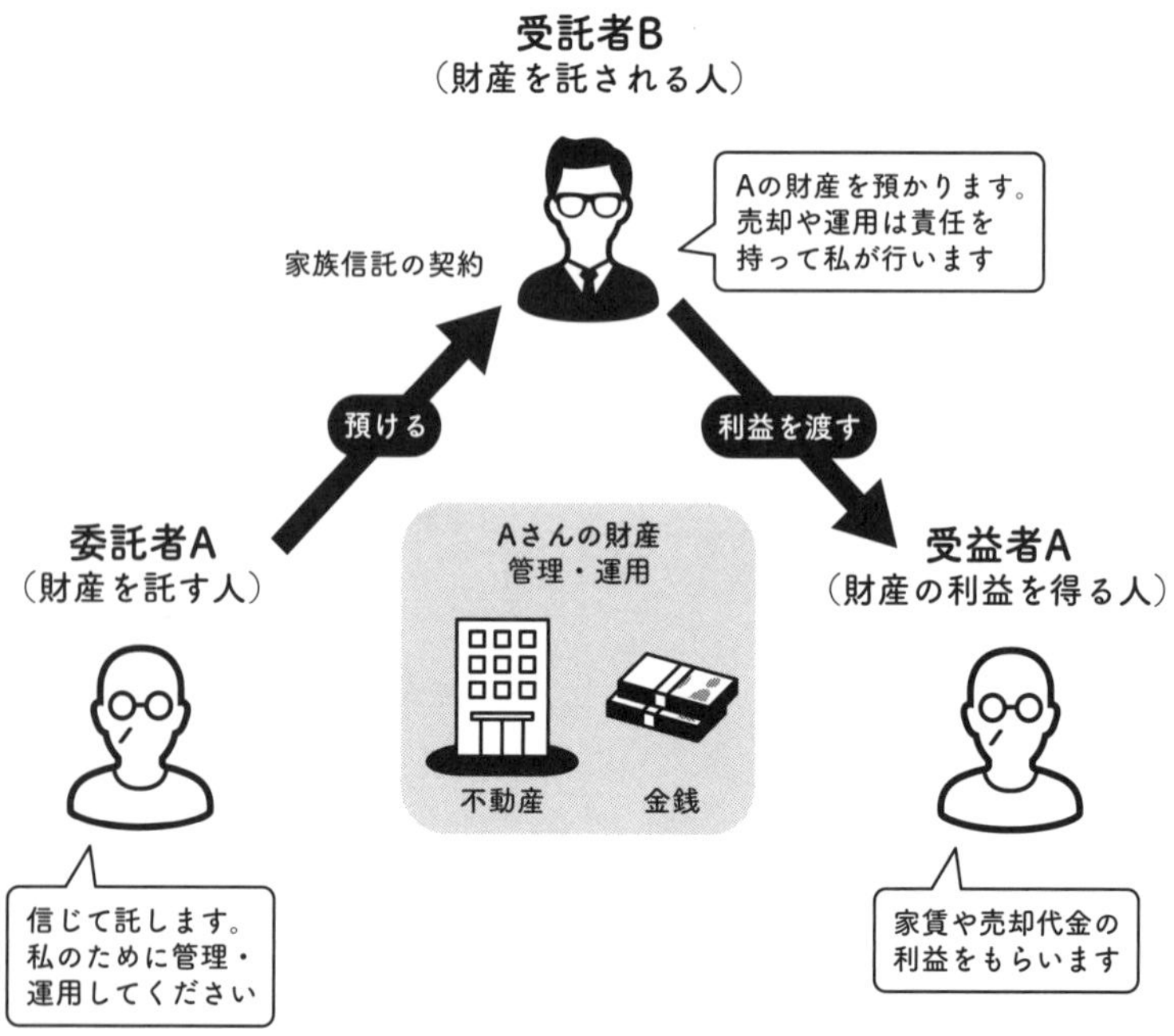
受託者B
（財産を託される人）
Aの財産を預かります。
売却や運用は責任を
持って私が行います
家族信託の契約
預ける
利益を渡す
委託者A
（財産を託す人）
Aさんの財産
管理・運用
不動産
金銭
受益者A
（財産の利益を得る人）
信じて託します。
私のために管理・
運用してください
家賃や売却代金の
利益をもらいます

策で活用されますが、法定相続の概念にとらわれずに資産承継を実現できるというメリットがあります。

「誰に、何を、どれだけ残したいのか？」を考え、生命保険を使うにせよ家族信託を使うにせよ、十分な生前対策を取れば、自分の思いを実現することができるのです。

まずは財産目録をつくろう

生前対策が大事だといっても、何から始めればいいかわからないかもしれません。いきなり遺言書をつくるのはハードルが高く、「遺言書が大事なのはわかっているけど、面倒ください」という人もいるでしょう。

私がおすすめしたいのは、まずは「財産目録」をつくること。財産目録とは、どんな財産があるかをリストアップしたものです。財産目録づくりには、次のようなメリットがあります。

1　遺言書づくりの準備になる

遺言書を作成するためには財産目録づくりが欠かせません。財産目録づくりが遺言書づくりの足がかりになります。

2　自分の財産の全体像を把握できる

自分自身の財産くらい把握していると思っているかもしれませんが、意外と隠れ財産があるものです。「銀行にすすめられて投資信託を買ったような……」「生命保険に入らされた気がするけど、あれは有効なのかな……」などと、隠れ財産が次々と出てくるかもしれません。ｉＤｅＣｏやＮＩＳＡを放置している人もいるでしょう。

みなさんも、眠らせている郵便貯金はありませんか？　郵政民営化前に預けられた郵便貯金の定額貯金などは、満期から20年2か月を過ぎると、権利が消滅してしまいます。権利が消滅すると、原則として払い戻しはできません。２０２１年度は約12万件、過去最高の４５７億円が消滅しました。満期を迎えても10年以上預け入れが続く残高は、３０００億円以上だそうです。休眠口座がいかに多いかがわかりますね。

財産目録をつくるときには、マイナスの財産も洗い出すのがポイントです。具体的には、借金はないか、保証人になっていないかといったことを思い返してみてください。「保証人になったことはありますか？」と聞かれて、「絶対にないです」と言い切れるでしょうか？「そういえば、あのとき保証人になったような……」と思い出すかもしれません。

プラスの財産があとから出てきたらラッキーですが、マイナスの財産が出てきたら、たまったものではありません。必ず、すべての債権・債務を洗い出しましょう。財産を整理し始めると、自分のことなのに意外と把握していないことに気づくはずです。

3 相続人の手間が省ける

相続が発生したときに、相続人が最初に苦労するのは、被相続人の財産を洗い出す作業です。

たとえば、夫を亡くした妻は「たしか、あそこに通帳を入れていたはず」と、書斎のデスクの引き出しをひっくり返したり、タンスの中を探ったりしなければなりません。銀行や証券会社からの郵送物を手がかりに、さながら探偵のように、亡き夫の財産を特定していくのです。これはとても骨の折れる作業です。

近年は、インターネット専業の銀行や証券会社が増えました。通帳レスどころか、各種通知も郵送ではなくWEBを通して行うというケースが急増していますから、通帳も郵送物もない状態で遺族は財産を見つけるのは大変です。

被相続人が山林を持っていた場合、相続人がその場所を特定できないというのも、よくあることです。権利書や謄本、名寄帳などに記載されているので相続手続きはできますが、実際にその山林がどこなのかがわからないのです。財産目録作成時には、こうしたことも明確にしておきましょう。

4　相続戦略を立てられる

実際に資産を洗い出してみると、予想を上回る額になることが多いと思います。生命保険や投資信託などの金融資産にどれくらい入っているかを把握していないことが多いからです。不動産も、思っていた価値と異なるということもありえます。

自分の財産の全貌がわかれば、生前贈与や生命保険の活用といった相続対策を考えるきっかけになります。すると相続税を払わなければならないかどうかも見えてきて、節税を考える材料にもなるのです。

コラム

財産を特定するために金融機関をしらみつぶし!?

同居している父親や母親など、普段から関わっている人が亡くなったのであれば、相続人はあまり苦労せずに財産を特定できるかもしれません。ところが、困るのが棚ぼた的な相続です。

たとえば、独身の叔父や叔母が亡くなって、甥や姪が相続人になるパターン。独身だった叔父や叔母が定年まで働いていたなら、よほど散財していない限り、遺産が数千万円にのぼることもあるでしょう。しかし、たまに連絡を取り合うくらいの関係性だと、財産を特定するのは極めて困難です。叔父や叔母が生活していた家をチェックして、通帳などからひも解いていかなければなりません。

もし、まったく接点がない叔父や叔母だったら、近隣の銀行をしらみつぶしに回って調査する必要があるかもしれません。たとえば、そのエリアの地方銀行や信用金庫、信用組合、ＪＡ（農業協同組合）など、相当な数の金融機関を回ることになるでしょう。

おそらく亡くなった人自身も、自分の財産を把握しきれていないと思いますが、ましてや相続人が全貌を把握するのは難しいものです。被相続人が財産目録をつくっておけば、この手間が省けるので、それだけでも相続人にとっては大助かりです。

財産目録のつくり方や形式は自己流でＯＫ

財産目録作成においては、決められた方法やフォーマットは特にありません。手書きでも、パソコンでワードやエクセルでつくっても、自分がやりやすい方法で作成してかまいません。市販のエンディングノートに書いてもいいでしょう。

どこに土地や建物があるのか。どの銀行にどんな口座を持っているのか。どんな生命保険に加入しているのか。株をやっているなら、どの証券会社に口座を持っているのか。借金があるとすれば、どこから借りたのか……。こうしたことを一つひとつ書き出し、一覧化していきます。たとえば銀行の口座なら、口座番号やその時点での金額も確認して記しておきましょう。

多少の手間はかかりますが、費用を払って専門家に頼む必要はなく、自分でできます。これを機に、ぜひやってみてください。

家系図をつくってみる

財産目録のほか、家系図をつくってみるのもおすすめです。簡単なものでかまいません。

これも有用な相続対策になります。というのも、「自分が亡くなったときに誰が相続人になるのか？」「自分が相続人になるかもしれない親族の範囲は？」の両面を把握できるからです。

家系図をつくると、自分の相続人になるかもしれない親族の範囲は意外と広いことに気づくはずです。叔父や叔母の相続財産が回ってくるかもしれないなんて、意識したことはないでしょう。しかし、甥や姪が代襲相続人に該当するケースは意外と多いのです。

近年は晩婚化や未婚化が進んでいますが、家系図をつくれば、独身の叔父や叔母、結婚していても子どもがいない叔父や叔母の存在を把握できます。すると、自分自身が相続人になる可能性が見つかるかもしれません。

つくる家系図の範囲は、両親、祖父母、子ども、孫、兄弟姉妹、叔父・叔母、甥・姪といったところまでです。この範囲の親族をきちんとまとめておきましょう。

遺言書を書く

財産目録と家系図を作成したら、いよいよ遺言書の作成です。遺言には、自筆証書遺言と公正証書遺言、秘密証書遺言の3種類があります。

1　自筆証書遺言

遺言を作成する人が、財産目録を除く全文を自筆で書く遺言です。自分で簡単に作成できるのがメリットですが、その一方で、方式の不備で無効になったり、解釈が問題になったりする恐れがあります。

２０２０年から法務局による自筆証書遺言書保管制度が始まり、自筆証書遺言を法務局に預けて、画像データ化して保管してもらうことができるようになりました。遺言書の保管申請時には、民法の定める自筆証書遺言の形式に適合するか、遺言書保管官がチェックしてくれるうえに、遺言書を法務局が適正に管理・保管してくれます。

2　公正証書遺言

公証人が遺言者に遺言内容を確認し、公正証書として作成する遺言です。公証人らに内容が知られることになりますが、方式の不備で無効になる恐れはありません。ただし、手間と費用がかかり、２人の証人の立ち会いも必要となります。

3　秘密証書遺言

遺言内容を秘密にしたまま、公証役場で存在の証明のみを行ってもらう遺言です。遺言の内容を秘密にできる、内容の偽造や変造を防げるといったメリットがありますが、公証人が内容をチェックするわけではないので、方式の不備や解釈の問題で無効になる恐れがあります。

また、自筆証書遺言書保管制度が始まったことから、秘密証書遺言のメリットが薄まりました。

＊

遺言書がある場合、法定相続より優先されます。法律では、できる限り遺言者の意思を尊重します。もしも複数の遺言があれば、内容が重複している部分は、最も新しい日付の遺言だけが有効になります。

手軽だけれどトラブルも多い自筆証書遺言

3つの遺言のうち、最も手軽でお金もかからないのが自筆証書遺言です。自筆証書遺言は、全文を自分の手で書きます。紙とペンと印鑑があれば、誰でも作成可能です。

かつては、財産目録も自筆証書遺言と同様、必ず手書きと定められていました。しかし民法改正によって、パソコンでの作成が認められました。ただし、パソコンで作成する場

図16　遺言の3つの種類

	自筆証書遺言	公正証書遺言	秘密証書遺言
作成方法	本人 （自筆に限る。代筆・パソコンでの作成不可）	公証人が口述筆記 （パソコンでの作成可）	本人 （代筆・パソコンでの作成可）
作成場所	定めなし	公証役場	定めなし
証人・立会人	不要	2人以上の証人の立ち合いが必要	公証人1人、証人2人以上が必要
日付	年月日まで記入	年月日まで記入	年月日まで記入
署名・押印	本人のみ	本人、証人、公証人	本人、証人、公証人
印鑑	実印・認印・拇印のいずれでも可	本人は実印 （印鑑証明が必要） 証人は実印・認印どちらでも可	本人は遺言書に押印した印鑑 証人は実印・認印どちらでも可
費用	かからない ※別途検認の費用が発生	作成手数料	公証人の手数料が必要 ※別途検認の費用が発生
封印	不要 ※できれば封入したほうがよい	不要	必要
秘密保持	○	× 遺言内容、遺言したことが知られる	△ 遺言したことは知られるが、内容は秘密にできる
デメリット	方式、内容によっては無効になる可能性もある。 保管が難しく、死後に見つからないこともある ※「自筆証書遺言保管制度」を利用すれば適正に保管・管理される	費用がかかる。 証人や作成費用が必要	方式、内容によっては、 無効になる可能性もある。
死亡後の家庭裁判所の検認	必要	不要	必要

合は、財産目録の各ページに署名・押印が必要です。
自筆証書遺言作成のポイントは次の4つです。

1　自分で書く

必ず遺言者本人が手で書かなければなりません。代筆やパソコンでの記入では無効になります。

2　日付を記す

年と日付を必ず書きましょう。作成日を「令和6年4月吉日」などと書いてしまうと、すべて無効となります。

3　氏名を明記する

当たり前のようですが、氏名をフルネームで書きましょう。

4　捺印する

実印が好ましいですが、認印でもかまいません。ゴム印は不可です。

*

遺言が本物なのか偽物なのかといった問題が起きるのは、たいていは自筆証書遺言です。また、定められた方式で書かなければ、法律的に無効とされてしまいます。たとえ有効な方式を満たしていなくても、相続人全員が「遺言者の意思を尊重しよう」と意見が一致すれば、遺言書を尊重した遺産分割内容になると思いますが、「こんなものは紙切れだ」などと言い出す相続人がいれば、完全に無効になってしまいます。

ほか、自筆証書遺言の作成には専門家が関わらないので、「資産をちゃんと棚卸ししましょう」といったアドバイスを受けずに書いてしまい、財産が漏れていることもあり、注意が必要です。

遺言書は、遺留分にもあらかじめ配慮しておくのが理想的です。それができなくても、遺留分が請求されることを想定したうえで書きましょう。

自筆証書遺言は、遺言者の死後、発見されない恐れがあるという点がデメリットです。それどころか、自分に都合が悪い内容が書かれていた発見者が見つけた場合、勝手に破棄されてなかったことにされてしまうかもしれません。捨てたり燃やしたりしてしまえば、遺言書があったことは誰にもわからなくなってしまいます。

こうした事態を防ぐために始まったのが、自筆証書遺言を法務局で保管する自筆証書遺言書保管制度です。保管申請手数料は3900円で、自筆証書遺言のメリットは損なわずに、保管の問題点を解消することができます。


自筆証書遺言は、発見者が勝手に開封してはいけません。すみやかに遺言書を家庭裁判所に提出して、検認を申請しなければならないのです。検認とは、簡単にいえば「たしかに遺言があった」ということの確認です。開封せずに家庭裁判所に持っていって検認を申し立てると、裁判所から検認期日（検認を行う日）が通知されます。検認期日は、申立人から遺言書を提出し、出席した相続人などの立ち会いのもと、裁判官が封をされた遺言書を開封して内容を検認します。検認が終わると、遺言の執行をするためには、さらに「検認済証明書」の申請が必要です。

ただし、保管制度を使っている場合は家庭裁判所の検認は不要です。

公正証書遺言なら無効になることはまずない

自分の死後、間違いなく自分の意思を反映した相続を実現させたいなら、公正証書遺言を選んだほうがいいでしょう。

先述の通り、公正証書遺言は専門家が作成するので、方式の不備で無効になることはありません。紛失や改ざんの恐れもなく、もちろんゼロではありませんが、公正証書遺言で無効を争うケースは極めてまれです。

公正証書遺言の場合、公証人役場の公証人が本人確認や意思確認をするので、遺言者にしっかりと遺言意思があったと見なされます。これに対して、自筆証書遺言の場合、ヨレヨレの字で書かれているなどして「これは誰かが無理やり書かせたのではないか？」と疑われるケースもありえます。

自筆証書遺言よりは手間とコストがかかりますが、公正証書遺言を残したほうが、自分亡きあとの無用なトラブルを防止できるといえるでしょう。

公正証書遺言は、公証人役場の公証人が口述筆記で作成してくれます。ただ、公証人は基本的に依頼者の意向をそのまま遺言にするだけで家族関係や財産の状況を踏まえてどんな遺言書をつくればいいかといったアドバイスはしてくれません。

自分の思いを反映させた遺言書をつくりたいなら、遺言作成を得意とする司法書士や行政書士、弁護士などに依頼するといいでしょう。最近は、遺言書作成・管理などのサービスを行う銀行も増えています。

ただし、プロにも得手不得手があり、経験が浅く、遺言書作成のポイントをつかんでいない人もいるでしょう。依頼するなら、件数をこなしていて実績のあるプロがいいのではないかと思います。もしもあなたが、連絡すればすぐに駆けつけて何でもやってくれるようなスピーディーな対応を求めるなら、銀行がいいかもしれません。ただ、銀行は担当者がよく変わる傾向があり、それに対して不満を抱くケースも散見されるので、その点は留意しておいたほうがいいでしょう。

コラム

財産の記載漏れに要注意

遺言においては、財産の記載漏れが大きなリスクとなりますが、これは自筆証書遺言だけでなく、公正証書遺言でも起こります。

私が相談者からの依頼を受けて、公正証書遺言に従って相続手続きをしていたときのことです。その遺言書作成には私は関わっていませんでしたが、固定資産課税台帳を所有者別に一覧表にした名寄帳《なよせちょう》を役所から取り寄せたところ、遺言に記載されている土地に漏れが見つかりました。せっかく遺言を書いたのに、漏れている分については、相続人全員から印鑑をもらう羽目になってしまったのです。

その遺言では、Aにはこの土地、Bにはこの土地、Cにはこの土地と、相続させる対象が細かく指定されていました。それがかえって悪手となりました。大半の土地をAに相続させるとのことでしたが、それであれば「BとCに相続させる土地以外はすべてAに相続させる」と書いておけば、そのまま通ったのです。

こうした財産漏れは、遺言作成を得意とするプロに頼めば避けられた可能性が高いでしょう。

遺言作成のさまざまな工夫

遺言を残しても、予想しなかった事態が起きることがあります。

たとえば、父親が「長男のAにすべての財産を相続させる」という遺言を残したとしましょう。それなのに、父親よりも先に長男Aが亡くなったらどうなるでしょうか？「Aの子どもが相続するのでは？」と思うかもしれませんが、実はAに子どもBがいたとしても、Bにすべてが相続されるわけではありません。

Aが遺言者より先に亡くなると、財産が宙に浮いてしまい、法定相続になってしまいます。結局、Aの兄弟姉妹と、代襲相続人のAの子どもBが、遺産分割協議をしなければなりません。

こうした事態を防ぐために「予備的遺言」というものがあります。「万が一、Aのほうが遺言者よりも先に亡くなった場合、その財産はBに相続させる」という内容を遺言に記すのです。

こんなことは、普通の人は思い浮かびません。「長男に残すと書いてあるけど、もし長男が亡くなった場合にどうする？」なんて、誰が気づくでしょうか。相続や遺言書作成の場数を踏んでいるプロだからこそ、アドバイスできるのです。

また、財産や法定相続人を調査してから公正証書遺言に落とし込むには、ある程度の時間が必要です。今日つくろうと思って、明日できるものではありません。ところが、遺言を作成する人がかなり高齢の場合、たとえば90代の依頼者だったら、公正証書遺言が完成する前に亡くなってしまう可能性があります。

こうしたケースでは、自筆証書遺言と公正証書遺言の二段構えで遺言をまとめることがあります。

具体的には、まず、依頼者からヒアリングしたうえで、私がワードで遺言案をまとめます。依頼者にその全文を自筆で書いてもらうのです。その後、正式な公正証書遺言を完成させるという段取りです。万が一、公正証書遺言が完成する前に相談者が亡くなったとしても、自筆証書遺言だけでもあったほうがいい、というわけです。このときの自筆証書遺言は、仮設住宅のようなものです。きちんとした住宅を建てたほうがいいに決まっていますが、それができるまでの仮住まいをつくるイメージですね。

ただ、高齢になると、複雑な遺言を書くのも容易ではありません。そこで、すごくシンプルで文字数の少ない自筆証書遺言を仕立てるようにします。

ほか、私はお子さんのいないご夫婦から相続の相談を受けることが多々あります。こうしたケースでは、夫婦相互に遺言を書くのが一般的です。つまり、夫が先に亡くなったら妻に、妻が先に亡くなったら夫に全財産を渡す、という内容です。

これこそ、パートナーの未来を考えた愛の形だと思います。もしも遺言を書いておかなかったら、両親がすでに他界している夫が亡くなった場合、妻と夫の兄弟姉妹が法定相続人になります。そうなると、妻は夫の兄弟姉妹と遺産分割協議をまとめなければなりません。夫の兄弟姉妹が亡くなっていれば、その子ども、つまり甥や姪と遺産分割協議をまとめるのです。これはなかなか骨が折れる作業です。

万が一の事態を考えて、子どもがいない夫婦であれば、お互いに相談して遺言を作成していただきたいと思います。

若いうちに遺言書を作成するなら?

民法では、15歳以上なら誰でも遺言を書くことができます。しかし、若い人で遺言を書く人は少なく、大半は70代以降の高齢者です。自分の残りの人生と財産の相続先に思いを馳せるようになってから遺言を作成する人が多いということなのでしょう。

もちろん、若いうちから遺言に興味がある人はいます。さすがに会社員ではほとんどいませんが、若手社長のなかには「遺言を書いておこうかな」と言い出すケースがあります。すでに財を築き上げていたり、事業承継を見据えていたりするからです。

ただし、若い人の場合、これから事業がさらに成長したり、新しい子どもができたりする可能性もあります。財産も相続人も大きく変動する可能性がありますから、さすがにまだ公正証書遺言を残す必要はないかもしれませんが、それでも、遺言はないよりあったほうがいい、と私は考えています。万が一のとき、会社をどうするかを考えておいたほうがいいでしょう。

まだ不確定要素が多い若手社長なら「全財産を妻に相続させる」といったシンプルな自筆証書遺言をつくっておいてもいいと思います。これにプラスして、生命保険の活用などによって残された家族が生活に困らないように、手を打っておくことが大切です。

コラム

遺言と一緒に残せる「尊厳死宣言公正証書」

遺言を書くとき、あわせて「尊厳死宣言公正証書」を作成する人がいます。

尊厳死とは、回復の見込みがない場合、死期を単に引き延ばすためだけの延命措置を断り、自然の経過のまま受け入れる死のこと。「不治の状態に陥っていると担当医を含む2名以上の医師によって診断された場合、死期を延ばすためだけの延命措置は一切行わない」「警察、検察の関係者には、私の家族や医師を犯罪捜査や訴追の対象とすることのないようお願いする」といった内容を盛り込みます。

ただし、尊厳死宣言公正証書は法的拘束力はありません。医師の医療を止める力は持たないのです。

コラム

「遺言執行者」とは？

遺言書では、「遺言執行者」を指定できます。遺言執行者とは、相続人・相続財産調査から財産目録の作成、預貯金払い戻し・分配、株式の名義変更、不動産の登記申請手続きまで、一連の手続きを進めていく人のことです。指定しなくてもかまいませんが、指定しておくと遺言の執行がスムーズに進みます。財産が単純な場合は、遺言執行者を指定せずに、財産を受け取る相続人が自分で手続きすることもあります。

遺言執行者は誰でもかまいません。「長男に全財産を相続させる」という遺言を残して、遺言執行者を長男に指定するパターンもあります。弁護士などの専門家を遺言執行者に指定すればスムーズに手続きが進みます。法人でもかまいません。とりわけ、死後認知などを遺言に記載した場合、法律の専門家に依頼したほうがいいでしょう。

遺言には家族へのメッセージを残せる

遺言書には、主に財産の分け方を記載しますが、相続人へのメッセージを記すこともできます。これを「付言事項」といいます。法的拘束力はありませんが、自分の思いを遺言の中で伝えることができるのです。

どんな思いで、どうしてこういう遺言をつくったのか、メッセージを残しておくと、「親父はこう考えていたのか」と、相続人が納得しやすい面があるでしょう。争族の抑止につながることも期待できます。

たとえば、3人兄弟姉妹で、遺言では長男の相続分が他の2人より多かったとします。「なんで兄貴だけ?」と弟や妹は不満を感じるかもしれません。しかし、「長男がずっと自分の介護を頑張ってくれた。会社を継ぐのはこんな大変なこともある。長男を優遇するような内容になっているけれど、他の子どもたちもちゃんと理解して支えてやってくれ。相続でもめないでくれ」といった内容を遺言に記せば、父親の思いが子どもたちに伝わるはずです。

付言事項は、自筆証書遺言でも公正証書遺言でもどちらでも盛り込めます。私は、できるかぎり書いたほうがいいと考えています。なかには、「良き伴侶とめぐり会い、良い子どもたちに恵まれ、幸せな人生でした」という言葉から始まる遺言も見たことがあります。

遺言を作成したら、家族に見せてもかまいません。見せなくても、「こういう内容の遺言を書いたよ」と伝えるといいと思います。どういう遺言を書いたのか、ある程度は理解しておいてもらったほうが、遺産分割ではもめづらいでしょう。相続人たちも覚悟ができるでしょうし、変な期待もしないでしょう。

内縁のパートナーには、遺言＆「死後事務委任契約」のセットで準備

なかには、籍を入れていないパートナーと暮らしている人もいるでしょう。籍が入っていなければ、法定相続人にはなれませんが、そのようなパートナーに財産を残したいなら、遺言は必須です。

さらに、「死後事務委任契約」を結べば、スムーズな相続手続きを実現できます。死後事務委任契約とは、自分が死んだあと、相続以外の事務手続きを第三者に委任するものです。たとえば、スマホの解約やSNSの閉鎖といった手続きは、相続人以外の第三者が勝手にできません。そこで、死後事務委任契約を結んで、第三者のパートナーに事務手続きを委ねるのです。

つまり、遺言と死後事務委任契約をセットにすれば、内縁の妻に遺贈という形で財産を残すとともに、事務手続きも任せられるのです。

ちなみに、パートナーという話でいえば、相続でもめる典型的なパターンのひとつが、「相続人の配偶者が口を出してきたとき」です。相続人である兄弟姉妹だけで話している限り、まったくもめそうになかった相続が、弟の妻や妹の夫が口を出し始めた途端にいざこざが起こることがよくあるのです。

たとえば、次男の妻が「均等ならけっこうもらえそう」と期待したのに、長男の取り分が多くなりそうだとわかると、遺産分割協議にあたって「あなた、ちゃんと主張しなさいよ。お兄さんばかりもらうの不公平だから」と夫をそそのかすのです。次男が家に帰って「やっぱりこういう話になりそうだから」なんて言おうものなら、妻は「はあ？　権利は平等よ。遺留分は請求しなさいよ」と怒り出します。

このように、外野が横やりを入れるともめてしまいがちですが、こうしたいざこざを予防する意味でも、遺言書の内容をあらかじめ共有しておけば、相続人の配偶者もあらぬ期待を抱かずにすむでしょう。

不動産は「不動」ではない!?

なかには、相続人同士でいらない不動産の押し付け合いになるケースがあります。なぜ、そうなってしまうのか？　「地主の参謀」として地主の資産防衛に従事する松本隆宏氏は、「相続人が不動産が嫌になるケースの主な原因は、古い不動産を渡されるからです。管理が悪かったり、権利がややこしい物件を渡されて、嫌になるのです」と指摘します。

田舎では、どうしても先祖代々受け継いできた不動産に執着しがちです。不動産は「不動」という名の通り、動かせないものだというイメージが強いと思いますが、しかし、松本氏は「不動産は動かすべきものです」と強調します。

「郊外の土地を持ったまま活用するのが果たしてベストな選択でしょうか？　そのまま住むにしても利便性が低いケースがあるでしょう。賃貸物件を建てて貸すにしても、質の高い入居者が集まるとは限りません。田舎の不動産の一部を売って、都市部の不動産を買えば、リスクが分散します。私は、不動産は動かすべきものだと考えています」

そう考えれば、不動産の相続においてまず大事なのは、「不動産は動かせない」という固定概念を捨てることではないでしょうか。不動産の相続対策を考えるとき、子どもたちに残すに値する物件かどうかを吟味したうえで、都市部の優良物件に買い替えるという選択肢もあるのです。「土地を活用するときには、一面だけを見て判断するのではなく俯瞰的に状況を見て判断する必要がある」というのが、松本氏の考えです。

相続対策は認知症になる前に！

高齢化の進展とともに認知症患者も増えていますが、内閣府の調査によると、2025年には675万～730万人、高齢者の約5人に1人が認知症になると予測されています。日本は大認知症時代を迎えようとしていますが、認知症と診断されて「意思能力がない」と見なされた人の行為は、民法の規定上、法律行為として無効になります。認知症になったあとに作成した遺言書や生前贈与などは、医師に「意思能力がない」と診断されてしまうと、効力が生じません。つまり、遺言書は認知症になる前に書かなければなりません。

代表的な認知症対策が「成年後見制度」の利用です。この制度では、後見人は、本人に代わって不動産や預貯金などの財産管理や遺産分割協議といった相続手続きなどを担います。

もちろん、後見人が本人の財産を自由に使っていいわけではなく、あくまでも本人の財産を維持・管理するのが役目です。株を買う、投資信託を買う、不動産を買うといった積極的な資産運用や相続税対策などもできません。

成年後見制度には、任意後見制度と法定後見制度があります。任意後見制度とは、認知症に備えて、あらかじめ自分が選んだ人（任意後見人）に、代わりにしてもらいたいことを契約（任意後見契約）で決めておく制度です。一方、法定後見制度は認知症になったあとに利用可能な制度です。

後見制度のほかにも、153ページで述べた「家族信託」という制度もあります。後見制度を利用した場合は、原則として財産の維持・管理しかできませんが、家族信託なら、任された人のある程度自由な意思でその財産を動かすことができます。

認知症になってしまったら、自分で判断できません。相続対策とあわせて早めに認知症対策も考えておくといいでしょう。

相続手続きのスケジュール

ここで、いざ相続になったときに慌てることがないよう、大まかな流れを押さえておきましょう（図17）。

相続関係の手続きには期限があります。悲しみにひたっている暇がないくらいです。被相続人が亡くなったら、まずは死亡届や火葬許可証を提出しなければなりません。これらは7日以内ですが、葬儀会社がやってくれることがほとんどです。保険証の返却や年金の停止といった行政手続きは14日以内です。

図17　相続手続きの流れとスケジュール

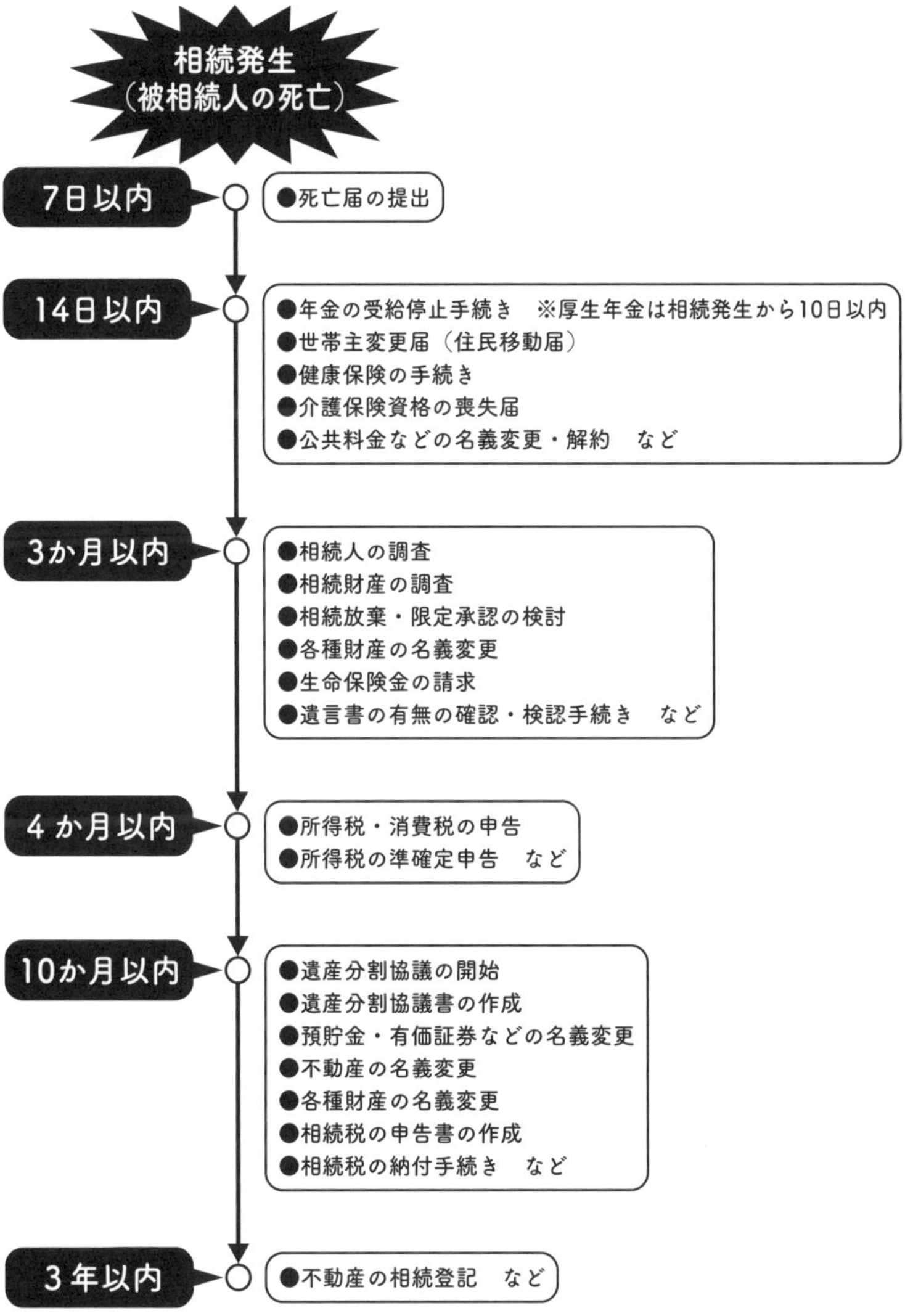
相続発生
（被相続人の死亡）
7日以内
●死亡届の提出
14日以内
●年金の受給停止手続き　※厚生年金は相続発生から10日以内
●世帯主変更届（住民移動届）
●健康保険の手続き
●介護保険資格の喪失届
●公共料金などの名義変更・解約　など
3か月以内
●相続人の調査
●相続財産の調査
●相続放棄・限定承認の検討
●各種財産の名義変更
●生命保険金の請求
●遺言書の有無の確認・検認手続き　など
4か月以内
●所得税・消費税の申告
●所得税の準確定申告　など
10か月以内
●遺産分割協議の開始
●遺産分割協議書の作成
●預貯金・有価証券などの名義変更
●不動産の名義変更
●各種財産の名義変更
●相続税の申告書の作成
●相続税の納付手続き　など
3年以内
●不動産の相続登記　など

すでに繰り返しお話ししてきたことですが、相続を放棄するなら3か月以内に手続きしなければなりません。3か月なんてあっという間です。被相続人が亡くなったあと、葬儀を段取りして、火葬して、納骨して、財産の洗い出しをして……となると、かなりの忙しさです。実際、私のところに相談に来たものの手遅れになっていて、「もう相続放棄はできませんよ」とお伝えすることもあります。

相続は、プラスの財産ならまだしも、借金など被相続人のマイナスの財産を負うかもしれない人生のターニングポイントです。きちんと気をつけておかないと、「知りませんでした」ではすまされないのです。

相続税の納付期限は10か月ですが、これもあっという間です。相続税を納めなければならないということは、資産にボリュームがあるということで、財産を洗い出すにも時間がかかることでしょう。なおさら早めに対策しておかなければなりません。

特に相続人や財産の調査は時間がかかることがあります。できるだけ早め早めに動きたいものです。

そうはいっても、相続は突然発生しますから、十分な準備ができていないことも少なくありません。くわえて大きな悲しみを伴うことですから、相続が発生してもすぐに動き出せず、時間が経ってしまった、ということは往々にしてあります。

私のところには、「相続を放棄したいのですが……」などと、あと1週間で被相続人が亡くなってから3か月経つというタイミングで、そんな相談が舞い込むことがあります。

1週間あれば、ギリギリ間に合わせることができると思います。戸籍が集まりきらず、多少の書面が整っていなくても、家庭裁判所に相続放棄を申し立てることができます。あるいは、相続放棄の期間伸長を申し立てて、期間を少し延ばしてもらうという選択肢もあります。

なかには、被相続人が借金を抱えて亡くなり、他の親族が全員放棄しているにもかかわらず、自分だけが情報が共有されずに放棄していない、という状況になることもありえます。いわば、全員がババの存在を知っているのに、1人だけ知らずにつかまされた状況です。

そうならないためにも、早めに情報をつかんで行動することが大切です。

相続のスケジュールでいえば、新たに義務化された相続登記の期限は3年以内ということも忘れてはいけません。相続登記とは、不動産の名義変更です。正当な理由なく期限内に登記をしなかった場合、10万円以下の過料が科されます。

登記の名義を変えるだけなら簡単だと思うかもしれません。実際に、自分で相続登記をする人がいます。「自分でできる」とインターネットなどで情報発信している人がいますが、現実問題として、土地も相続関係もシンプルな案件でないと難しいと思います。

実は、相続登記にも落とし穴があります。たとえば、いざ自分の土地を売ろうとしたとき、共有の接道の登記忘れが発覚することがあります。共有の接道部分は課税されていなかったため、所有者が登記を漏らしてしまったのでしょう。司法書士なら図面を見ればすぐにピンと来ますが、一般の人は気づきません。

登記が漏れた部分を売るには、相続人全員から印鑑を押してもらわなければなりません。相続から何年か経っていれば、相続人のメンバーが変わっていることもあるでしょう。かつての相続人が亡くなっていて、その子どもから印鑑をもらわなければならないなど、どんどんややこしくなっていきます。

少しでも登記漏れが心配なら、プロに任せたほうが賢明といえます。

「相続土地国庫帰属制度」がスタート

国は深刻化する所有者不明土地問題の解消策の一環として、「相続登記の義務化」に加えて「相続土地国庫帰属制度」を2023年4月27日からスタートさせました。これは、相続や遺贈によって土地の所有権を取得した相続人が「一定の要件」を満たした場合、土地を手放して国庫に帰属させることを可能とする制度です。

この制度概要だけを見ると、まるでいらない土地だけを国に引き取ってもらえる、夢のような制度に見えます。しかし、どんな土地でも引き取ってくれるわけではありません。この「一定の要件」が極めて難関で、厳しい基準をクリアした土地でなければ引き取ってくれないのです。

国が引き取ってくれない土地としては、次の2つのケースが法律で定められています。

1つ目が「却下事由」といい、そもそも申請をすることができないケースです。却下事由をクリアして、晴れて申請を受け付けてもらったとしても、次なる関門がそれが2つ目の「不承認事由」です。

188ページの図18は、相続土地帰属制度の却下・不承認事由をまとめたものです。見れば、かなり厳しい要件であることがわかるでしょう。

それでも、法務局の審査を受けて、これらの要件をすべてパスすれば、その土地の10年分の管理費相当額を支払えば、国が引き取ってくれます。この制度によって、相続の際に土地を手放す方法の選択肢が増えたのはたしかです。

ただ、要件が厳しいため、実際に活用できる場面は限られるのではないでしょうか。こ

図18　相続土地国庫帰属制度の却下・不承認理由

		理由・備考
1 却下要件（申請の段階で直ちに却下となる土地）	A　建物がある土地	建物は一般に管理コストが土地以上に高額であり、また、老朽化すると、管理に要する費用や労力が更に増加するだけでなく、最終的には建て替えや取り壊しが必要になるため
	B　担保権や使用収益権が設定されている土地	対象となる土地に、抵当権等の担保権や、地上権、地役権、賃借権等の使用収益権が設定されている場合、国が土地の管理を行う際にこれらの権利者に配慮しなければならず、場合によっては担保権が実行されて国が土地所有権を失うことになることも考えられるため
	C　他人の利用が予定されている土地	道路・墓地・境内地・水道用地など、実際に土地所有者以外の者により使用されており、今後もその使用が予定されている土地は、国庫に帰属させた場合にその管理に当たって、国と使用者等との間で調整が必要となるため
	D　土壌汚染されている土地	管理または処分に制約が生じ、汚染の除去のために多大な費用がかかるうえに、場合によっては周囲に害悪を発生させる恐れがあるため
	E　境界が明らかでない土地・所有権の存否や範囲について争いがある土地	土地の管理を行ううえで障害が生じるため
2 不承認要件（審査の段階で該当すると判断された場合に不承認となる土地）	A　一定の勾配・高さの崖があって、管理に過分な費用・労力がかかる土地	住民の生命などに被害を及ぼしたり、隣地に土砂が流れ込むことによって被害を及ぼす可能性があり、擁壁工事等を実施する必要があると客観的に認められるような場合
	B　土地の管理・処分を阻害する有体物が地上にある土地	工作物や放置車両、廃屋、樹木などの有体物が存する場合や、その有体物が土地の通常の管理または処分を阻害する場合
	C　土地の管理・処分のために、除去しなければいけない有体物が地下にある土地	産業廃棄物や屋根瓦などの建築資材（いわゆるガラ）、地下にある既存建物の基礎部分やコンクリート片、古い水道管、浄化槽や井戸など、除去しなければ土地の通常の管理、または処分をすることができない有体物が地下に存する場合
	D　隣接する土地の所有者等との争訟によらなければ管理・処分ができない土地	民法上の通行権利が妨げられている場合や、不法占拠者がいる、隣地から生活排水等が定期的に流入し続けており土地の使用に支障が生じているなど、所有権に基づく使用又は収益が現に妨害されている場合
	E　その他、通常の管理・処分に当たって過分な費用・労力がかかる土地	災害の危険により、土地周辺の人や財産に被害を生じさせる恐れを防止するため措置が必要、あるいは周囲に被害を生じさせる動物の駆除が必要などの場合

れらの要件をすべてパスするような土地なら、わざわざ国庫帰属制度を利用しなくても、不動産会社に相談すれば買い手が見つかる可能性が高いと思います。

事業経営者の相続でやっておくべき準備

経営者の相続の場合、89ページでお話した相続対策の3本柱（相続税対策、納税資金対策、争族対策）に、後継者対策と経営権対策が加わります。

事業承継には、5～10年はかかるとされています。後継者の育成などに時間がかかるからです。会社を後世に残そうと考えているなら、早めの準備が肝心です。

経営権の相続とは、自社株の承継そのものです。自社株こそ会社の経営権ですから、これをしっかりと承継させなければなりませんが、これが意外と難しいものです。自社株の評価額にもよりますが、後継者に贈与するとなると、莫大な贈与税がかかる可能性があります。

ここで、自社株の承継を成功させた例をご紹介しましょう。ある運送会社が２００８年のリーマンショックのときに大赤字を出して、自社株の評価額が急落しました。機転の利く社長が「今こそ絶好のタイミングだ！」とばかりに、長男にすべての自社株を贈与したのです。評価額が小さければ、贈与税の負担も軽くなるからです。

この社長は、「これからインターネットでの買い物が増える」と先を読み、不況を脱すれば運送会社は成長すると見込んでいました。実際にその通りになり、長男が会社を継いで成長させています。ピンチをチャンスに変えた好例ですね。

ただし109ページでお話ししたように、自社株は、社長と後継者が頑張って業績を伸ばせば伸ばすほど価値が上がり、金銭的に承継するのが難しくなるという矛盾を抱えています。

そこで、解決策としては、会長の退職金の支給など、何か大きな投資をして決算内容が少し悪くなり、株価が下がったタイミングをうまく使って自社株を後継者に承継する、というやり方が考えられます。

自社株に加えて、事業性のある個人資産があるなら、それもきちんと承継させることが大切です。これは個人の相続にリンクする話ではありますが、経営者個人が持っている資産を後継者に承継させる手続きが必要です。

たとえば、会社の社屋の底地は社長名義というのは、よくあることです。あるいは、社屋自体が社長のもので、会社に貸している形になっていることもあるでしょう。ほか、社

図19　事業承継を実行するまでの5つのステップ

ステップ1　事業承継に向けた準備の必要性の認識
事業承継に向けた早めの準備の必要性を認識するための「事業承継診断」や経営者と支援機関との事業承継に関する対話・相談に取り組む

↓

ステップ2　経営状況・経営課題等の把握（見える化）
経営状況を把握するためのツール（中小会計要領・ローカルベンチマーク・知的資産経営報告書等）を活用しながら、経営の見える化を行い、課題の改善に向けた方向性を明確にする

↓

ステップ3　事業承継に向けた経営改善（磨き上げ）
経営者が将来の事業承継を見据えて、本業の競争力の強化などにより企業価値を高めることで、会社を後継者にとって魅力的な状態にまで引き上げる

	親族内・従業員承継	社外への引き継ぎ
ステップ4	事業承継計画策定 円滑に引継ぎを進めるために、後継者とともに、株式、事業用資産や代表権の承継時期を記載した事業承継計画を策定する	マッチング実施
ステップ5	事業承継の実行 株式、事業用資産や経営権の承継を実行する	M&Aの実行 株式、事業用資産や経営権の承継を実行する

↓

ポスト事業承継（成長・発展）

ポイント　早めに準備を進めるメリット

事業承継の準備を早めにスタートするメリットのひとつは、事業を承継できる体制を早い段階で整えることで、会社の業績、市場の動向を踏まえてベストのタイミングで事業承継を実行に移せること。また、後継者の手腕、適性をじっくり見極めることもできる

出典：中小企業庁「経営者のための事業承継マニュアル」をもとに作成

長が個人でオフィスビルを所有していて、いくつかのテナントのひとつとして自分の会社が入居しているというパターンも考えられます。

社長は自社株だけではなくて、さまざまな財産を持っているはずです。こうした事業用の資産を洗い出して、誰にどう渡すかを早めに検討しておきましょう。

従業員承継やM&Aという選択肢もある

中小企業の事業承継といえば、子どもをはじめとする親族が主な後継者でした。しかし、近年の後継者不足を背景に、従業員承継やM&Aが増えています。帝国データバンクの2022年の調査によると、同族承継が34・0%に対し、内部昇格は33・9%とほぼ同じ割合でした。

ただ、実際には従業員承継はなかなか難しい面があります。それは、従業員が経営権を握るためには、自社株を買い取らなければならないからです。たとえば、自社株の価値が1億円だとしましょう。この1億円を払って自社株を取得してまで経営者になりたいというほどのメンタリティがある人間が、社内の従業員にいるかどうかにかかっているといえます。

ゼロをイチにするような創業者のメンタリティがないと、リスクを抱えての思い切った挑戦はできません。借金してでもビジネスをやりたいという発想がある人は、なかなかいないものです。それくらいのバイタリティがあれば、すでに自分で独立起業していることでしょう。

ずっと社長のもとで働いて、現場のことも取引先のことも熟知していて、任せれば経営はできる、という人材はいるかもしれません。しかし、その人物が経営責任までは負うかは別問題です。その点が不安であれば、場合によっては、株は持たずに経営だけ任される、いわゆる「雇われ社長」という選択肢があります。

それでは、従業員承継に成功したとして、その先はどうするのか?——創業家に後継者がいないから従業員承継を選んだわけですが、今回の従業員承継がうまくいっても、何年かあとにまた、事業承継のタイミングが必ずやってきます。そのときに、中継ぎの社長1～2人を経て創業家に経営権を戻すというシナリオが成り立つのであればいいのですが、そうでなければ、早い段階でM&Aを検討してもいいでしょう。きちんと経営できる企業に引き継いでもらったほうが、従業員も幸せでしょうし、取引先にとってもメリットがあるかもしれません。現に近年では、M&Aの割合は右肩上がりで増えており、事業承継の約20%を占めるまでになっています。

もし後継者が確定していないなら、いずれは会社を売却することも想定しておくといいでしょう。そのために、今からでも準備できることはあると思います。

ローカルエリアの中小企業M＆Aを専門している株式会社絆コーポレーションの小川潤也氏は、次のように指摘しています。

「きちんとしている会社とそうでない会社を見極める簡単なポイントがあります。それは、議事録が残っているかどうか。株主総会や取締役会の議事録をきちんと整理しておくと、あとあと役に立つ可能性が高い。まだ会社を売るという発想がなくても、議事録は整備しておくといいでしょう」

議事録の有無が売却価格に差が出ることはないそうですが、株主の変遷や役員の変遷が特定できないことで、契約の作成が困難になることがあるようです。「そのリスクを抱えたままだと、実際にM＆Aをする際に、買い手が嫌がることになる」と小川氏は話しますが、議事録を残すことは、大きなコストをかけずにすぐにできます。親族や従業員に後継者候補が見当たらなければ、とりあえず議事録を残すことから始めるといいと思います。

最初の相談先選びが意外と重要

相続にあたって、最初の相談先を誰にするのか？――実は、円満な相続のためにはこれが意外と重要かもしれません。

相続のプロには、中立的な立場で円満解決に導くのを得意とする人もいれば、すでに争いごとになっているケースで依頼者の利益を勝ち取ることを得意とする人もいます。できればもめずに円満に相続手続きを進めたいのか、それとも、とにかく自分の取り分を増やしたいのか……。この違いによって、最適な相談先が異なるわけです。たとえば私は司法書士・行政書士ですから、誰にも肩入れせずに中立的な立場で話ができるという強みがあり、家族がなるべく円満に着地できるような方向性に導くことを心がけています。必要に応じて信頼できる専門家をご紹介することもできます。

高齢化にともなって日本の死者数は1980年代から増加傾向が続き、厚生労働省の調査によれば、2003年には100万人を突破。2023年時点で約157万人となっています。相続マーケットが拡大傾向にあるなかで、銀行から保険会社、葬儀会社、士業まで、いろいろな業界・業種が相続マーケットに参入しています。これについて、「地主の参謀」として地主の資産防衛に従事する松本隆宏氏は、「銀行に資産の相談をしている地主も多いと思うが、銀行の専門はあくまでお金のこと。資産のことを何でもかんでも銀行に相談するというのは少し違うのではないか」と述べています。

ある分野の専門家でも、得意な分野もあれば苦手な分野もあるだろう。私自身、コンサルティングのパートナーとしては地主専門の会計事務所に、会社の税務のパートナーとしては中小企業専門の税理士に依頼しているし、弁護士は不動産関連、法務、ITといった得意分野ごとにパートナーがいる。

同じ「医師」という職業の人であっても、内科と外科とでは必要とする知識も治療内容も大きく異なる。内科の先生に心臓手術を依頼する人はいないように、税務や法務でも同じことがいえるのではないだろうか？

――松本隆宏著『地主の決断　これからの時代を生き抜く実践知』より抜粋（2023年刊）

本当に相続に強い人なのか、円満な相続が得意なのか、それとも紛争解決が得意なのか。最初にどの専門家に相談するかによって、その後の方向性が左右されるといえます。

「頼れる士業」の選び方

「顧問社労士が雇用調整助成金は専門外と言っている」
「税理士が給付申請をサポートしてくれない」……

コロナ禍のとき、お付き合いのある社長から私にそんな電話が入ることがありました。私に「頼れる専門家を紹介してくれ」というわけですが、コロナ禍では、顧問先を減らした士業と増やした士業の明暗がくっきりと分かれたように思います。

士業は、大きく次の3つに分類できます。

1 基本的なこともできない士業

これは論外です。数は少ないですが、存在はしています。

2 代書屋的士業

言われた書類作成はこなせます。ここに属する士業がほとんどです。

3　頼れる士業・プロ士業

顧客の要望をただ書面に起こすだけでなく、顧客自身が気づいていない課題を見つけ出して、解決策を提案するようなコンサルティング的な業務ができる士業です。イレギュラーな内容の案件や前例のない業務、法律だけでは解決しない業務など、高難度の案件にも対応できます。

＊

同じ士業でも、実力差はとてつもない開きがあります。それでは、頼れる士業を活用するにはどうしたらいいのでしょうか？――それは、「見極めて選ぶ」か「育てる」の2択です。

「見極めて選ぶ」というのは、最初から頼れる士業を見つけて依頼するやり方。これが一番確実です。先の、地主の資産防衛に従事する松本氏も、「大切なのは、それぞれの実績を見て、高い能力を備えているかを見定めること」と述べています。

また、「自分で見つけられない」という人であれば、「頼れる士業を自ら選んできた人」に頼るといいと思います。たとえば地元の老舗企業の社長など、そのエリアで人脈のネットワークを築いてきた人なら、頼れる士業を紹介してくれるでしょう。

もうひとつの「育てる」というのは、経験はなくてもポテンシャルのある士業を見抜いて育てるやり方です。今は実力のある士業でも、誰しもが駆け出しのころがありました。お客さんに鍛えられて、育てられて、成長してきたのです。やる気のある士業を見抜いて、一緒に問題を解決しながら長期的に付き合っていくというやり方もあります。

弁護士も税理士も社労士もと、各分野の頼れる士業をすべて見つける必要はありません。1人でかまいません。本当のプロは、人的ネットワークをつくる努力をしていますから、士業であれば士業同士のつながりがあるのです。頼れる士業を1人見つければ、他分野の頼れる士業を紹介してもらえることと思います。

たった1人でかまいません。ぜひ、あなたが相続のことを信頼して相談できる相手を見つけてください。

特別対談

都会の「知」を呼び込むことが田舎の生きる道

黒澤元国 氏

埼玉県商工会議所連合会 広域指導員、
中小企業診断士

大学卒業後、大手GMS入社。次々とユニークな販売企画を実現させ、売上拡大に貢献した。28歳で埼玉県大滝村（現秩父市）に帰郷、キャンプ場経営を承継する。その後、旧大滝商工会からの依頼により経営指導員として地域おこしに関わる。2008年4月、同商工会の解散に伴い秩父商工会議所へ。2021年4月から埼玉県商工会議所連合会広域指導員として埼玉県内の経営支援に従事。現在は、国の要職を受け、全国を講演や研修で飛び回る。

今、田舎の相続・事業承継はどのような現状なのでしょうか？経営指導員の「東の横綱」として全国を飛び回る埼玉県商工会議所連合会の広域指導員、黒澤元国氏に問題や解決の糸口をうかがいました。

深刻な人口減少で「スモールM&A」が増加

澤井　黒澤さんは埼玉県の大滝村（現秩父市）出身ですね。

黒澤　はい。私は1998年に大手GMS（ゼネラルマーチャンダイズストア）を退職して大滝村の実家に戻りました。当時の人口は1200人で、事業所は民宿や建設会社など130ありました。父は公務員で、母が経営していたキャンプ場を承継して事業主になりました。キャンプ場を経営しつつ、商工会青年部員になりました。

澤井　もともとは事業所側だったんですね。

黒澤　大滝村が秩父市と合併することになり、2008年に秩父商工会議所に入りました。そのとき、130あった事業所が69になっていました。20軒あった民宿はわずか2軒でした。今はもう残っているのはキャンプ場や三峯神社のお土産屋さんくらいで、30事業所もないと思います。人口は、5年くらい前は600人でしたから、今は500人を切っているかもしれません。何もない地域になってしまいました。

澤井　まさに田舎の縮図ですね。

黒澤　地方の中小企業が抱える問題は人口減少です。人手不足が深刻で、かつてはあまりなかったような地域内での中小企業同士の「スモールM&A」が増えてきています。地方の中小企業が抱える人手不足や後継者不足の解決策として、お互いに合併して補い合うためです。たとえば、3社を1社に統合して、それぞれの事務所をひとつに集約すれば間接部門を小さくできます。その分、収益を生み出す部門に人を当てれば、生産性を上げることにもつながります。

澤井　今、地方の企業では同族会社間のM&Aがかなり進んでいますね。

黒澤　こんな事例がありました。製造業の若手経営者が、後継者のいない協力会社の年配経営者からM&Aの相談を受け、年配社長から「君だったらうちの会社の社員も知っている。うちの会社を引き継いでくれないか」と持ちかけられたのです。若手社長は年配社長の会社を買収して雇用を維持しました。澤井さんが携わったのはどんなM&Aですか?

澤井　運送会社のA社、観光バスのB社、タクシーのC社、自動車教習所のD社を経営していて、これをまとめて1社にするといったものです。

黒澤　同じ経営者が複数の会社を1社にまとめて効率的にやるというのは有効ですね。

子どもに継がせたくない経営者が多い

澤井　経営者の高齢化が進んでいますが……。

黒澤　多いのは、後継者に事業を継がせたくないケースです。日本政策金融公庫総合研究所の

2015年の調査によると、「自分の代で廃業するつもりだ」と回答した経営者が50%を占めていました。自分が苦労しているので自分の代で終わらせたいという発想になると、自然と経営者の年齢は上がっていきます。

澤井 跡を継がせたくないというのは田舎の事業者の閉塞感が伝わってきます。明るい未来が待っていないと思っているということですから。

黒澤 経営者は苦労していますから。子どもには、田舎に残るよりも、所得水準の高い都会で暮らしてもらいたいと考えているのでしょう。

澤井 事業承継でトラブルの事例はありますか？

黒澤 株を握っている父親が一度継がせた息子を解任してしまうケースがあります。事業承継は「経営の承継」と「資産の承継」をセットで進めないと完結しません。社長の名前だけ変えて、完結していると思っている人がけっこう多い。

澤井 後継者も認識が甘いですよね。株を持っていることによる支配権に鈍感というか。

黒澤 本当に鈍感な方が多い。社長に向かない人が社長になってしまうケースもあります。親は子どもがかわいいから継がせますが、まったく経営のことがわかっていなくて、会社をダメにしてしまうのです。あとは、小さな会社で、金庫番の母親が財布の中身を息子に見せてないケースもあります。父親が亡くなって、いざ息子が社長になるのですが、自分の会社にどれくらいの現金があるかすら、知らされていません。事業承継は、代表者の名義を変える手続きではありません。今のビジネスを修正しながら、新しい事業をどうデザインしていくかを考えないといけませんが、それができている後継者は少ないです。

澤井　そこまで自分の頭で考えられる後継者を育てるのは1～2年ではできないですよね。

黒澤　やはり10年くらいかかりますね。

田舎は空き家や耕作放棄地だらけ

黒澤　実は私、1期だけ農業委員をやったことがあります。旧大滝村で農地パトロールをしたら、空き家と耕作放棄地だらけでした。私は究極のアドバイザーを帯同してもらいました。地主が誰かを知っている元公務員の父親です。一つひとつ父に思い出してもらいながら、農地として保護する必要がない土地にはどんどん「赤判定」を出しました。赤判定とは、耕作放棄地で農地としての復活の見通しがないという状態です。農業委員会に付議して、農業委員会にかけて、山林に変えます。山林に変えたほうが固定資産税も安いじゃないですか。

澤井　文句が出ません。

黒澤　私の実家の場合は山林の問題があります。

澤井　山を持っているんですか？

黒澤　地主なので、山があるんです。しかし、どこからどこまでがうちの山かわからない。父は9人兄弟で、私は4人兄弟。父にお願いしたのは、祖父母が亡くなったとき、不動産だけは必ず相続の決着をつけておくこと。祖父や祖母名義の土地が残っていたら、大変じゃないですか。あげてしまっていいからクリアにしておいてと頼みました。これが複雑なままだったら、自分で処理できる気がしません。澤井先生にお願いします（笑）。

澤井　祖父名義で土地が残っていたら、子どもと孫であっという間に相続人が40〜50人ですもんね。

黒澤　従兄弟までは顔と名前をまだ覚えていますが、その子どもとなると、もう無理です。

澤井　ほとんど交流なくなっていますよね。そこからハンコをもらうのは難しいです。旧大滝村の実情を知らない人が「こんなにたくさん土地があるのに、私は1銭ももらえないんですか？」と言い出しかねません。

黒澤　そうなりますよね。私は田舎の長男だから、結婚式のとき200人規模になりました。父が親族を紹介していましたが、さすがに名前がわからなくなってきて、マイクを回して自己紹介してもらっていました。

澤井　田舎は親族のつながりが強いですよね。

黒澤　田舎は子だくさん。これ、田舎あるあるです。

澤井　相続人多数の相続複雑案件が発生しやすい。

黒澤　さらに言うと、相続人がみんな田舎を離れて都内で生活していることがあります。空き家や耕作放棄地の所有者にメッセージを送ろうにも、連絡先がすぐにはわかりません。都会に出た人たちのために、今は「墓守サービス」というお墓をメンテナンスするビジネスも出てきました。昔なら墓参りをビジネスにするなんてけしからんという感覚ですが、今はアウトソーシングの時代です。

田舎の未来のために「家族の相続」という発想で終わらせない

黒澤　田舎は産業の転換がなされていないので、そもそも食べられる状態になっていません。田舎で相続するなら「田舎ビジネス戦略」とあわせて考えなければならないと思います。旧大滝村であれだけ廃業が進んでしまったのは、昔ながらの民宿というビジネスモデルが成り立たなくなったからです。むしろ、バックパッカーが自由に宿泊する古民家ゲストハウスというビジネスモデルのほうがいいかもしれません。今はデジタル化が進んでいるので個人でできることが多い。新規事業を考えていくべきでしょう。

澤井　そうしないと、実家だから仕方ないという相続になってしまいます。

黒澤　そう、「仕方ない相続」です。

澤井　前向きな相続じゃないですよね。

黒澤　後ろ向きな相続ですね。今まで田舎相続というと、家族のなかで事業をどう残していくかという発想で終わっていました。伸びている田舎は、外の人たちが入り込んできて、田舎生活と都会生活を両立させながら、新しいビジネスを生み出しています。埼玉県の横瀬町が好例です。私も審査員をやっていますが、「よこらぼ」というプロジェクトがあります。これは、横瀬町をフィールドに事業アイデアなどの社会実装を実験できる仕組みです。毎月5件くらい応募があります。こうしたことがきっかけで、都会の若くて優秀な人たちが横瀬町に関わるようになってきました（横瀬町の取り組みについては208ページ参照）。田舎の人は今のビジネスを続けるよりも、外から来た人に家や土地を貸す不動産業をやって、賃貸収入を得たほうがいいケースもあると思います。人の移転はなかなか難しいとは思いますが、「知」の移転ならば十分可能でしょう。田舎に憧れている都会の人がいますよね。今はリモート勤務が特別なことではなくなったので、都会と田舎の両方で働けるような環境を整えて都会の人を呼び込むこともできるでしょう。どうしても今いる人材のなかで承継や相続を考えがちですが、ナレッジを持つ都会の人とのマッチングによる新しい形の相続・承継が田舎の産業と暮らしを残す道だと思います。

（2024年3月、秩父にて）

特別寄稿

行政と専門家とが連携し、田舎ならではの強みを活かすことが「田舎相続」の問題解決につながる

富田能成 氏

埼玉県横瀬町長

横瀬町長。大学卒後、日本長期信用銀行（現SBI新生銀行）入行。法人営業、海外留学、海外勤務等を経て、不良債権投資や企業再生の分野でキャリアを積む。横瀬町議会議員を経て、2015年1月より現職。官民連携プラットフォーム「よこらぼ」を立ち上げ、都市圏の人材や民間活力を町に呼び込むなど、ユニークな施策を展開。横瀬町は、令和4年度ふるさとづくり大賞優秀賞を受賞するなど、全国の注目を集めている。

少子高齢化が進み、相続発生件数が年々増加するなかで、「田舎相続」は行政にとっても重要な課題といえます。行政は「田舎相続」をどのように捉えているのか、その解決のための取り組みについて、埼玉県横瀬町長の富田能成町長に特別に寄稿いただきました。

日本全国の田舎が抱える「人口減少」の2つの要因

私が町長を務める埼玉県横瀬町はいわゆる「田舎」で、人口が7700人弱という小さな町です。日本全国の地方と同様に、当町も人口減少が大きな課題になっています。

人口減少には2つの要因があります。まずは「自然増減」、これは生まれる数と亡くなる数の差ですね。当町では、2023年は150人以上が亡くなる一方、出生数は40人未満で、マイナス幅は過去最大になりました。このマイナスは、今後さらに広がる可能性があります。

もうひとつの要因が「社会増減」で、つまり引っ越してくる人と引っ越していく人の差です。日本では、とりわけ若い世代を中心に都市部に人口が流出しています。当町には小学校と中学校が1校ずつありますが、高校も大学もありません。就職のタイミングで都市部に出ていく若者も多く、進学や就職で一度出て行った若者たちが帰ってきたくなるような町をつくるのが、当町の大きなテーマになっています。

横瀬町では、この人口減少を行政の最重要課題として、これを乗り越えるために戦略的にさまざまな施策を実施しています。現時点では人口減少抑制の目標値はクリアしており、一定の成果は出ていますが、この先、さらに少子高齢化が進んでいきますから、ここからが踏ん張りどころです。

田舎の弱みを強みに変えて、きめこまやかに住民を支援する

亡くなる方が年々増加するということは、それだけ相続の発生件数も増える、ということです。そのときに、行政として何ができるのか、どんなサービスを提供できるか、相続が発生した人にどう寄り添えばいいのか――これも行政として重要な課題だと考えてさまざまな取り組みを行っています。

たとえば、相続で主に問題になるのは、残された不動産をどうするかです。先に人口流出についてお話ししたように、次世代がこの地に住んでいないケースが多々ありますから、使われなくなった家や土地をどう有効活用できるのかは、行政としてきめこまやかに支援していきたいところです。

この点は、地域の不動産会社と連携する必要もありますが、田舎ならではの大きな強みとして、規模が小さく人口が少ないゆえに住民との距離が近いという点があります。だから、住民から相続不動産の売買や活用についても、相続発生前から相談を受けることも多いのです。澤井先生もおっしゃっていることですが、相続は発生してから対策を考えるのではなく、前々からの対策が大切です。地域住民との関係性を密にして、早めに相続のア

ドバイスをしたいと考えています。

もうひとつ、行政として相続の問題をアドバイスするにあたって心がけているのは、住民のみなさんに選択肢を提示すること。不動産でいえば、「相続して保有する」以外にも、「売却する」「貸す」といった多様な選択肢がありますね。そのためにどのような補助金のメニューやサポートがあるのか、相続が発生した方に寄り添って、しっかり情報を届けるように意識しています。

田舎相続において土地の問題は大きいですが、相続が発生したときに、その家や土地を空き家にせずに誰かが活用するかどうかは、地域の付加価値と密接にリンクしています。シンプルにいえば、その地域に魅力があれば、不動産は放置されません。そのためにも、地域のブランド力を上げていきたいと考えています。

多様な専門家との密なつながりが、町の力になる

田舎の不動産はよく「負動産」といわれます。誰も引き取り手がいない「お荷物資産」という意味ですが、たしかに、田舎の土地は都市部に比べれば価格は安く、相続人が都会に出ていれば、「こんな土地はいらない」となることもあるでしょう。

しかし私は、田舎の土地は考え方によっては逆に強みもあると考えています。たとえば、

東京の港区の物件を借りるのと、当町の物件を借りるのでは、金銭的なハードルの高さがまるで違いますね。田舎の不動産は、やり方しだいではむしろ、いろいろな人たちに使ってもらえるチャンスがあるように思います。

そのためには、住民とのコミュニケーションも大切ですが、その地域の士業や経営者などとの連携も不可欠です。財界と政治・行政の世界につながりがあるのはよくある話ですが、当町を含めた秩父地域では、士業や医師会、お寺、神社、さらには外から入ってきた移住者らまで、多様な人たちが密につながっているのが大きな特徴です。司法書士・行政書士である澤井先生や、広域指導員・中小企業診断士の黒澤さんといったような、全国で通用するスペシャリストの方がたと行政サイドとの信頼関係がとても厚く、さらに住民同士が顔の見える関係性ですから、「あの家で相続が発生した」などの情報をいち早く専門家がキャッチできて、救いの手を差し伸べることができるのです。私が知る限り、こんな地域はほかになかなかありません。

目指すのは、「多様な人たちがゆるやかにつながるコミュニティ」

その一方で、コミュニケーションが密であるということは、過度にクローズドな関係性になるリスクもあります。だから当町は「オープン&フレンドリー」を掲げ、硬直化・同質化しないように気をつけています。町の外からさまざまな人たちが入り、多様な人たちが地域の中でゆるやかにつながれるコミュニティでありたいと考えています。

田舎相続は、日本全国の地域に共通した重要な問題です。この問題を解決するには、その地域の魅力を向上させることはもちろん、行政やその地域のスペシャリストが連携することが不可欠です。秩父エリアでは、40代、50代といった若い世代の活動が活発という点も特徴的です。このエリアにそうした魅力的な人が多いことで、その周りにさらに魅力的な人たちが集まってくる——こうして良い輪が生まれていることを感じています。ですから、澤井先生や黒澤さんのような存在は、地域にとって大きな価値があり、資産になっていると思います。

（2024年6月）

おわりに

○生前対策しておけばトラブルを避けられたのに……

「生前に準備しておけば、こんなことにならなかったのに……」

相続でもめている現場を目の当たりにして、そう思うことがよくあります。私は遺言の作成・執行から資産・債務の調査、相続人の調査、遺産分割協議書の作成、相続登記、家系図作成まで、相続に関することを丸ごとサポートしていますが、いかにもめずに相続を実現させる流れをつくるか――これが私の役割です。

相続では、お金の「勘定」の問題と心の「感情」の問題が、複雑に絡み合います。本格的にもめてしまったら、私の手を離れて弁護士の出番になります。そうなる前に、勘定と感情の問題を丁寧に解きほぐしていくのです。

相続対策と聞くと、「大変そう」というイメージを抱く方は多いと思います。でも、最初から完璧な相続対策を目指さなくてかまいません。ほんの一歩を踏み出すだけでいいのです。たとえば、財産を残す側ならば、まずは財産目録をつくるだけでいい。一歩目を踏み出しさえすれば、相続対策のハードルが下がり、いろいろなことが動き始めます。

本書をお読みのみなさんも、ぜひ、できるところから始めてみてください。そうすれば、「家系図もつくってみよう」「遺言書もつくろう」と、やれることが広がっていくはずです。

○田舎で暮らして、田舎に貢献したかった

そもそも、なぜ私が田舎相続にこだわってきたのか、少しお話しさせてください。

私は大学2年のときに行政書士、4年のときに司法書士にそれぞれ合格しました。大学卒業後は都内の事務所で実務経験を積んだあと、24歳のときに埼玉県の秩父に事務所を開きました。当時、埼玉県内の開業司法書士として最年少でした。

なぜ、秩父で開業したのか?――その大きな理由は、田舎暮らしがしたかったからです。

私は群馬県の前橋市という地方中核都市で生まれました。中学校時代は山間部の秩父で育ち、高校時代は首都圏のベッドタウンの東松山で過ごし、大学時代は都内で暮らし……と、田舎から都会までさまざまな土地で暮らしてみて、自然が豊かで人もあたたかい田舎で暮らしたいと、大学時代から漠然と思っていたのです。

それに、私の大学の同級生たちは、都会の大手企業に就職する人がほとんどでした。「田舎に暮らしながら、エリートたちと肩を並べるくらいの仕事ができれば、おもしろいんじゃないかな」――そんな気持ちもありました。

先述の通り、私は子どものころに引っ越しを繰り返したので、地元といえる地元がありません。そのため、できれば地域に根差し、地域の方々から求められるような事務所をつくり、地域に貢献したいという思いもありました。

◦田舎に育ててもらった恩を返したい

開業したときはまだ若くて資金がなかったことから、秩父市の隣町の皆野町で、家賃3万円の安い物件を借りて事務所にしました。自分で電ノコを使ってリフォームもしました。ツテもコネもまったくないところからのスタートでしたが、今ではたくさんのご縁があって、秩父や寄居、熊谷、深谷の4拠点を構えるまでになりました。昨日は秩父、今日は熊谷、明日は深谷といった具合に、私が埼玉県北西部をぐるぐる回ってお客さんのご相談を受けるなかで、お客さんをはじめ、商工会や商工会議所、金融機関など、いろいろな方や団体に育てていただいたことを痛感しています。たとえば、商工会の方から「商工会の青年部に入ったらどうだ?」「商工会の専門家登録をしたらいいよ」と声をかけていただいたり、地域の名士の社長と一席を設けていただいたり、まちの活性化事業のメンバーにもお誘いいただいたり、といったように。

今は、地元のコミュニティラジオにも定期的に出演しています。私が異業種交流会を主催したところ、約70人が参加してくれました。こうして人的なネットワークも広げています。

終章では「士業を育てる」ことに触れましたが、若くして開業した私自身こそ、地域のいろいろな方々に育てていただいたおかげで今があるのです。そうした方々との出会いがなければ、本書をまとめることはできなかったでしょう。

相続のみならず、田舎にはさまざまな課題があります。田舎相続は農地が絡むことが多いですが、農地の活用や農業振興は、国として深刻な課題です。近年は、農地法の改正などによって少しずつ農村を取り巻く環境が変わってきました。私は農業DXをはじめとするテクノロジーの活用に期待していますが、国の制度や法律を変えなければ対応できないこともあります。だから私は、世の中の変化に対応して、専門家として地域の役に立ち続けたいと思っています。

私がフィールドにしてきたのは埼玉県北西部ですが、全国には同じような課題を抱える田舎が山ほどあるでしょう。本書のテーマである「田舎相続」はそのひとつです。私は、日本においては「都会」はごく一部で、その大半が「地方」であり、すなわち田舎と位置づけていいのではないか、と考えています。田舎相続の問題を少しでも解決することができれば、地方の活性化につながり、ひいては日本全体がより豊かになるのではないか――そんな思いをもって本書を執筆しました。

最後に、巻末の対談にご登場いただいた中小企業診断士の黒澤元国氏、ご多忙ななかで寄稿を寄せてくださった横瀬町の富田能成町長、「田舎相続」というテーマで深い知見をうかがった寄居町の橋本則彦税理士、「地主の参謀」として地主の資産防衛に従事する松本隆宏氏、「ローカルM&A」を掲げて地方都市中小企業のM&A仲介を専門とする小川潤也氏、本書の校正校閲をしてくださったあすか綜合法律事務所の猪原英和弁護士、そして本書の制作に携わってくださった講談社、日刊現代、ブランクエストのみなさんには、この場を借りてお礼を申しあげます。そして私をこれまで育ててくださった秩父・寄居・深谷・熊谷エリアのみなさまと、当グループのスタッフ、ならびにいつも私を支えてくれる妻と子どもたちに、あらためて感謝の気持ちをお伝えしたいと思います。

本書が、田舎の円満な相続や事業承継、ひいては地方の活性化に少しでも貢献できたなら、これ以上の喜びはありません。

2024年7月　あす綜合法務事務所グループ代表 澤井修司

澤井修司（さわい・しゅうじ）

あす綜合法務事務所グループ代表、司法書士、行政書士。早稲田大学政治経済学部を卒業。在学中に、司法書士、行政書士、宅地建物取引士等の資格試験に合格し、2008年に当時埼玉県内の開業司法書士として最年少の24歳であす綜合法務事務所を創業、現職。地元を中心に東京都や関東全域から、相続・遺言関連、不動産関連、企業法務関連等の幅広い依頼が寄せられて飛び回り、特に相続・遺言関連業務の受託件数は年間100件を超える。埼玉県庁、寄居町役場、埼玉県商工会連合会、埼玉りそな銀行等主催セミナー・講演会での講師実績多数。地域に根ざしながらも、ラジオ法律相談に定期出演、日本行政書士会連合会「行政書士法人の手引」の校正校閲、弁護士事務所とのアライアンス、雑誌やネットメディアへの執筆等、地域や資格の枠を超えた活躍で注目の若手専門家。

あるある!　田舎相続《いなかそうぞく》

2024年7月26日　第1刷発行

著者　**澤井修司《さわいしゅうじ》**

発行者　寺田俊治

発行所　**株式会社 日刊現代**
東京都中央区新川1-3-17　新川三幸ビル
郵便番号　104-8007
電話　03-5244-9620

発売所　**株式会社 講談社**
東京都文京区音羽2-12-21
郵便番号　112-8001
電話　03-5395-3606

印刷所／製本所　**中央精版印刷株式会社**

表紙・本文デザイン　小口翔平＋青山風音（tobufune）
カバーイラスト　白井 匠
編集協力　ブランクエスト、山口慎治

C0036

ISBN978-4-06-536641-7